目次
CONTENTS

JN068725

●おとなの馬券学No.173は11月19日(金)発売です。

プロの眼力 この馬どこまで出世するか

丹下日出夫
(毎日新聞社)

開催場所	馬　名	走破タイム	コース距離適性	ポイント	最終クラス
3回新潟 8月7日 5R	父 エピファネイア フォラブリューテ (牝2) 母 ブルーメンブラット	2歳新馬 芝1600m 1.35.0(良)	芝 1600m	サイズは434キロ、心身ともに少し幼い。しかし1000m通過61秒3のスローにも、前に壁を作りしっかりと対応。ジンワリ外に持ち出し、直線はどこを突くか探す余裕あり。11秒2―11秒1―11秒4(3Fは33秒7)というレースラップを33秒0で一気差し。先頭に立ってもまだ伸びる。兄姉7頭は1～3勝級だが母はマイルCS優勝馬。待望の重賞マイラー誕生か。	オープン
3回新潟 8月8日 6R	父 ロードカナロア ステルナティーア (牝2) 母 ラルケット	2歳新馬 芝1600m 1.36.0(良)	芝 1600m	GＩマイラー・ステルヴィオの全妹、初陣は446キロで登場。ポンと好スタートを切ったが、じんわりと中団待機。ラスト3F・11秒5―10秒5―11秒3(33秒3)というレースの上がりを、自身は32秒7で外一気。走破タイムの1分36秒0は一見平凡。しかし上がりラップの形態は異なるが、才能は前段のフォラブリューテ、兄ステルヴィオに負けず劣らず。	オープン
4回新潟 8月14日 5R	父 エピファネイア ミント (牝2) 母 ビートマッチ	2歳新馬 芝1600m 1.35.2(稍)	芝 1400～1600m	ルーラシップ産駒の母は2勝。母の弟はマッチレスバロー(共同通信杯3着)、近親はトウカイポイント(マイルCS)。内回りの合流点400m標識まで末を温存、11秒5―11秒1―11秒9(3Fは34秒5)というレースラップを、ど真ん中から馬群をカチ割り33秒8で急襲。小雨、馬場は稍重。1分35秒2という時計と上がりは、前2段の牝馬の内容と小差。	3勝クラス
2回札幌 8月14日 5R	父 Kingman モンゴリアンキング (牡2) 母 Minorette	2歳新馬 芝1500m 1.29.1(良)	芝 1400～1600m	母はGＩベルモントオークス優勝。母の兄エイシンアポロンはマイルCS勝ち。父はスピードスター・キングマン。体型もあるが若干急仕上げ。しかし8分の造りでも即座に2番手。スタート後の100mを除き残り7Fのラップはすべて11秒台で推移、1分29秒1もハイレベル。昨年の札幌1500mを勝ちGＩ馬になった、同じ父を持つシュネルマイスターを例にあげる人もいる。	GⅢ
4回小倉 8月15日 5R	父 キタサンブラック ドグマ (牡2) 母 ショウナンカラット	2歳新馬 芝1800m 1.51.4(稍)	芝 2000m	母は未勝利、祖母ニュースヴァリューは札幌スプリントS2着。祖母の妹はベガ(桜花賞・オークス)。父はキタサンブラックだが、四肢も首も短め。胸前厚く、後肢も丸まる。1000m通過は64秒5のスロー、11秒5―11秒6―11秒6(3Fは34秒7)というレースの上がりを、天を見上げながら34秒0でゴボウ抜き。この父の産駒とは思えないパンチ力あり。こりゃあ人気者になる。	3勝クラス
4回新潟 8月22日 3R	父 ドレフォン コンシリエーレ (牡2) 母 ターシャズスター	2歳新馬 ダート1800m 1.53.5(稍)	ダート 1800m	半姉エスメラルディーナは交流重賞・関東オークス、韓国GⅢ・トゥクソムCなど計4勝。父はドレフォン、540キロの巨漢。道中外へふらついたりしながらもガッチリ好位は確保。直線入り口で気合を入れられると、上がり3F12秒7―12秒3―12秒7で2着に1秒9差の大楽勝。1分53秒5は実質2歳レコードといってもいい。脚元の不安さえなければダートGＩ街道驀進。	GＩ

開催場所	馬　名	走破タイム	コース距離適性	ポイント	最終クラス
4回新潟 8月28日 5R	父　キタサンブラック イクイノックス （牡2） 母　シャトーブランシュ	2歳新馬 芝1800m 1.47.4（良）	芝 2000m	母はマーメイドS優勝。半兄ヴァイスメテオールは、7月のラジオNIKKEI賞勝ち。秋は菊花賞も視野に入るパワーヒッターだが、キタサンブラック産駒の弟も中長距離重賞馬の予感あり。上がり3Fは11秒3—11秒3—11秒6（34秒5）と、流れるようなリズムで加速、跨っているルメールJの背中が楽しそうに揺れていた。1分47秒4は2歳新馬の新記録、上積みも十分。	GⅢ
4回新潟 8月28日 6R	父　エピファネイア ソネットフレーズ （牝2） 母　ボージェスト	2歳新馬 芝1600m 1.34.3（良）	芝 1600m	祖母はアドマイヤグルーヴ、母の弟はドゥラメンテ、現3歳の兄ボーデンはスプリングS3着。キャロットクラブでは追加募集…。うーん、デビューはまだ先だろうと思っていたら、8月の新潟で向かい風を切り裂き、走破時計は1分34秒3（翌日の新潟2歳Sと0秒5差）。重心と首がもう少し低くなりガツンと膨らめば、アーモンドアイ級に飛躍があるかも。	GⅡ
4回小倉 8月28日 2R	父　ディープインパクト キラーアビリティ （牡2） 母　キラーグレイシス	2歳未勝利 芝2000m 1.59.5(R)	芝 2000m	母は北米GⅠ馬。1番仔キラービューティは4勝、2番仔グロンフォールは2勝。阪神1800mの新馬は5着。ディープ産駒にしては骨が太く、なんか四角い。パワー系のジリ脚かなと思っていたが、凄いギアがあった。上がり2Fは11秒8—10秒8、ドトウの加速力で後続に7馬身差の圧勝。すっげえ〜。1分59秒5のレコードが出ちゃったよ。記録通りならGⅠ馬です。	GⅠ
4回新潟 8月29日 6R	父　マクフィ インコントラーレ （牡2） 母　ピースオブワールド	2歳新馬 ダート1200m 1.11.1（良）	ダート 1400m	サンデーサンレンス産駒の母は阪神JF優勝、最優秀2歳牝馬に輝いた。ただ、兄に豪州GⅢ勝ち馬などいるが、兄姉は総じてスピード色が濃い。マクフィ産駒の11番仔・本馬は、潔く（？）6Fダートから発進。前半3Fを34秒2という芝並みのハイラップでハナを切り、最速の上がりで9馬身差に圧倒。1分11秒1は古馬2勝レベル、次走予定のオキザリス賞は確勝級。	オープン
4回新潟 9月4日 5R	父　ディープインパクト キャンデセント （牡2） 母　トータルヒート	2歳新馬 芝2000m 2.04.8（稍）	芝 2000m	胴と四肢は短く、対する背中は長め、典型的なディープインパクト産駒。1000m通過は64秒0のスロー、後方寄りのポジショニングは厳しいかな？　内回り10Fはコーナーもタイト、強引に外を回して追い上げるしかなかったが、ラスト3Fのレースラップは12秒0—11秒8—12秒0（35秒8）、自身の上がりは35秒2。賢い。すぐに重賞はどうかだが実直な賞金稼ぎになる。	オープン
2回札幌 9月4日 5R	父　ディープインパクト ドーブネ （牡2） 母　プレミアステップス	2歳新馬 芝1500m 1.30.5（良）	芝 1600m	千葉トレーニングセール出身、落札価格は約5億。600キロくらいある怪獣かなと思っていたら、464キロで登場。2人引きだがキリキリとした造りで馬体の精度は高い。上がり3Fのレースラップは12秒2—11秒5—11秒6（35秒3）、自身のソレは34秒6。洋芝で11秒台前半のラップをマーク、高脚気味だが数字は合格点。距離延長はOK。次はマイルのオープンか重賞か。	オープン
4回小倉 9月5日 5R	父　ハーツクライ ドウデュース （牡2） 母　ダストアンドダイヤモンズ	2歳新馬 芝1800m 1.50.2（良）	芝・ダート 2000m	母は北米6勝、GⅡ・Ⅲ各1勝、BCフィリー＆メアスプリント2着。494キロで登場、良質な筋肉でおおわれ、リキみなく力強く歩く。前半1000mは63秒7のスロー、上がり3Fのラップは推定11秒8—11秒2—11秒0（34秒1）。現状でもGⅢくらいはいけるが、完歩が大きくなり10秒台の数字が出せるようになれば自然とGⅠが見えてくる。根性があり、ダートも相当走る。	GⅢ

記録は2021年9月5日現在

好評発売中　POGの王道2021−2022年版　発行・双葉社　定価1,760円

競馬で出会った人⑰②

今は当たり前になった40年前の時期尚早

五十嵐英夫（アンプラグド）

通っている事務所の所在地は千代田区の番町である。周りも静かで、交通の便も悪くはないのだが、難点は飲食店が少ないことだ。毎日、同じ店で昼食を摂るわけにもいかず、週に何度かは近くのコンビニでお握りやサンドイッチなどを買っている。そこで最近、気がついた。

コンビニのレジでの支払いは、私はいつも現金のみだ。しかしながら、ほかの人たちはほとんどが電子マネーで決済している。いつの間にか、生活様式が変わってしまったみたいだ。

私もソフトバンクの携帯電話を長期間使用しているおかげだろうか、ペイペイのポイントが少しばかり溜まっているらしい。コンビニでお握りを買うときには、ペイペイで払えたらどんなに幸せだろうかと、いつも思う。しかし、スマホのアプリの使い方がわからないので、小さな幸せが訪れることもない。

だったら事務所の若者に電子マネーの使い方を教えてもらえばよいではないかと言われそうだが、こういうものは自力で習得するほうがよい。人に頼んで面倒をかけるまでの案件ではない。そう決めつけてしまい、いまだにペイペイできないでいる。

それにしても電子マネーの、短期間での普及ぶりには驚く。私はかつてクレジットカード会社に勤務していたのだけど、その知識もあまり役には立たない。電子マネーの決済システムについては、歳のせいもあって理解するにはちょっと苦労する。

競馬の世界でも、もうとっくにクレジットカードで馬券が買えるようになっている。購入金額に限りがあり、使えるカードもJCB、DCなどに限られてはいるものの、クレジットカードで馬券が買える社会になったのだとしみじみと思う。

クレジットカード会社に勤めていた頃、先輩が「何かに役立つから読んでみな」と言って、アーサー・ヘイリーの「マネーチェンジャーズ」を貸してくれた。当時のベストセラー小説である。カードに関連するストーリーの展開もあり、将来の社会を暗示しているようで、一気に読んでしまうほど面白かった。

やがて、その先輩と2人で、カード会員向けに共同馬主の新規事業を企画することになった。運よく事業はスタートし、競馬関係者とも接点ができあがっていった。ある日、先輩が「カードで馬券が買えるようにできないだろうか」と言いだし、2人でずいぶん話し合った。

言うのは簡単だけど、馬券購入のカード決済を実現するには、システム開発など、いくつもの難題を解決する必要がある。しかしカードで馬券が買える時代がくるのは間違いない。そう考え、どこかに先を越される前に当たってみようということになった。先輩と2人で中央競馬会の担当部署を訪ねたが、先方の見解は「時期尚早」というようなものだった。

その後、先輩がこの話を持ちだすことはなかった。先輩の興味は通信販売のほうに移ってしまい、いろんな商品を開発してはカード会員向けに販売していた。あれからもう40年もたった。通信販売も全盛を迎え、馬券もクレジットカードで買えてしまう時代だ。想像した通りの世の中になっている。

●おとなの馬券学発売予定

（競馬開催の変更により発売日を変更する場合があります）

No.173	2021年11月19日(金)	5回中山 6回阪神 6回中京
No.174	2022年 1月14日(金)	1回東京 1回中京 1回阪神 1回小倉 2回小倉
No.175	2022年 2月11日(金)	2回中山 1回阪神 2回小倉 2回中京
No.176	2022年 3月11日(金)	3回中山 2回阪神 1回福島
No.177	2022年 4月 8日(金)	2回東京 2回阪神 3回中京 1回新潟 2回新潟
No.178	2022年 5月20日(金)	3回東京 4回中京 3回阪神 1回函館

2022年1回中山、1回中京、1回小倉初日-4日開催分は発売しません。ご了承ください。

定期購読のご案内

あなたのお手許に、おとなの馬券学が届きます。毎号購読したい方、入手困難な地域の方にお勧めします。6号分で5988円。送料は小社が負担いたします。


1・お申し込みは、巻末の郵便振替用紙をご利用ください。

2・お名前、ご住所には必ずフリガナをお付けください。

3・郵便事情などにより、発売日より数日遅れて、（開催日には十分間に合います）本が配達になる場合もあります。ご了承ください。

4・住所変更などがあった場合は、小社宛、必ずご連絡ください。

バックナンバーのお申し込みについて

バックナンバーのお求めは、お近くの書店にお申し込みください。

書店申し込みがご不便な方は、下記の1か2によりお申し込みください。

1・下記の小社メールアドレスからお申し込みください。

mideamu@jcom.home.ne.jp
2・郵便番号、ご住所、お名前、お電話番号、お申し込みの本のタイトルを明記し、小社ファックス宛、お申し込みください。

ファックス・03-3324-1275

5回東京 好走馬の傾向と対策

独自の分析による後半4レースの狙い目

泉澤慶司

5回東京初日（11月6日）
9R 神奈川新聞杯
3歳以上2勝クラス
芝1400m　ハンデ

2020年の神奈川新聞杯は、芝1600mで行われた。20年の平場戦、19年の三鷹特別などを参考にする。

この条件のレースは、定量戦で行われると1番人気馬が馬券圏内を確保する。17年1、2、4番人気、18年6、1、2番人気、19年1、2、7番人気、20年6、1、3番人気で決まった。4年連続で堅い決着だったが、ハンデ戦だと荒れ模様だ。東京芝1400mで好走歴があるのに近走不振で人気薄の馬、前走上位人気に支持され時計的には差がなく4～8着に敗退し今回人気がないという馬、軽ハンデの3歳馬に警戒しよう。

10R ノベンバーS
3歳以上3勝クラス
芝1800m

2019年まではノベンバーSが芝2000m戦、この開催の最終日に行われているウェルカムSが1800m戦だった。20年に距離の入れ替えがあり、ノベンバーSが1800m、ウェルカムSが2000mになった。

距離変更になったら、単勝1桁台

の1~3番人気馬が全滅、12、11、9番人気で3連単は588万馬券と大波乱レースになった。1600m~1800m戦に実績のある馬が上位人気に推され、好位から早めに抜け出したところを、後方で脚をためていた2000mに実績のある人気薄の追い込み馬にしてやられたレースだった。

この時季の東京競馬の3勝クラスは、2000m戦は堅く収まるが、1800m戦は好配当になることが多い。今年のノベンバーSも20年と同じように波乱のレースになるだろう。

道中はスローペースになりやすいが、先行馬有利というわけではなく、最後は差し、追い込み馬が上位にくる。

重視したいのは芝1800m~2000mでの実績で、その距離で2勝クラス勝ちか現級での連対経験がある馬だ。上位人気に支持されても、良績が1600m以下に集中している馬は、ペースが合わずに凡走する危険性が高い。

11R　京王杯2歳S（GⅡ）
2歳オープン
芝1400m

過去3年の競走成績詳報は36ページを参照してください

かつては手が付けられないくらいに荒れるレースだったが、2014年以降、1番人気馬が勝てないまでも3着以内を確保し、相手2頭も6番人気以内なので、馬券は平穏に収まっている。出走頭数が減っていることが原因のひとつだろう。

20年は久しぶりのフルゲート、単勝2・4倍の1番人気馬が5着に敗退、2、9、5番人気で3連単は11万馬券だった。

出走頭数が多いときに3着以内にくる馬は、前走新馬戦、未勝利戦、特別戦の勝ち馬で人気があまりない馬か、重賞で掲示板外の馬なので、多頭数レースになったら要チェックだ。

レースペースに関係なく、逃げ、先行馬が3着までに残る展開になる。

芝1400m以下の短距離実績が重要で、短距離を逃げ、先行で勝っている馬を狙うのが基本。差し、追い込み一辺倒の馬は人気でも危険だ。また、3着以内馬のうち2頭は関西馬で、19年は1~3着を独占した。

12R
3歳以上2勝クラス
ダート1600m

2019年は1~4番人気馬が全滅という例外的なレースで、6、7、5番人気で決まり3連単は12万馬券だった。それまでは、1、2番人気馬どちらかが3着以内にきて、あとの2頭は、上位人気馬から2桁人気馬までと幅広く、馬券の組み合わせが難しいレースで、18年は、1、11、9番人気で決まり、3連単は27万馬券だった。20年は上位人気4頭が抜けていて、1、4、3番人気で決まった。

●おとなの馬券学No.173は11月19日(金)発売です。

前走で1700mより長い距離のレースを使われ、今回あまり人気になっていない馬が狙い目だ。

このコースはスタミナが必要な流れになるので、1700m〜1800m戦でも好走したことがある馬を狙いたい。2勝クラスに数戦参戦し、クラス慣れしてきた3歳牡馬は要注意だ。

5回東京2日（11月7日）
9R 百日草特別
2歳1勝クラス
芝2000m

2018年は7頭立て、しかも1番人気を分け合う馬が出走取り消しで6頭立て。この時季で7戦1勝の最低人気馬がスローペースで逃げ切るという、あまり参考にならないレースだった。19年は5頭立て、20年は8頭立てで行われた。

20年の勝ち馬エフフォーリアのように、来春の3歳クラシックを賑わすと思われる馬たちが出走し、少頭数レースだが興味深い一戦だ。馬券対象馬は1〜5番人気で、本命党にとっては狙いごろのレースだ。

新馬、未勝利を勝ち上がった馬と、前走が重賞、オープン特別だった馬の戦いだ。キャリア2戦以内の馬がよく、3戦以上の馬は人気でも軸にしないほうがいい。

10R 錦秋S
3歳以上3勝クラス
ダート1600m

2016年から4年連続で、前走が秋嶺Sだった馬が2頭3着以内にきている。また、1番人気馬が4連勝しているので、馬券は堅く収まっている。20年は秋嶺Sがダート1300m戦に変更になったため出走馬がいなかった。今年はテレビ静岡賞、神無月S組が主役になるのだろうか。

この条件はメンバー次第で展開がガラリと変わり、逃げ、先行馬同士で決まることもあれば、追い込み馬同士で決まることもある。まずは展開予想をしっかり行いたい。

重視したいのは左回りダート実績。東京1600mで2勝以上挙げている馬は信頼できる。東京ダート1600m戦はスタミナが要求される。1700m以上で好走したことがあるが、今回人気薄の馬は押さえておこう。

毎年フルゲートで行われていたレースだが、18年は8頭立てになってしまった。19年は毎年6日目に行われていたこのレースを2日目に前倒ししたためか12頭立て、20年は16頭立てになった。頭数が揃えば、馬券の結果にかかわらず面白いレースになる。

11R　アルゼンチン共和国杯（GⅡ）
3歳以上オープン
芝2500m　ハンデ

過去3年の競走成績詳報は38ページを参照してください

2014年以降6年連続で、馬券対象馬2頭は1～4番人気馬、2、3着にときどき6番人気以下の馬がきて、3連複、3連単が小波乱になるレースだ。ちなみに10年以降、2桁人気馬が馬券に絡んだのは18年に1頭いるだけだ。長距離を得意とする馬が限られていて、軽ハンデの穴馬が付け入るすきがほとんどないからだろう。

20年はあまり参考にならない例外のケースで3番人気馬が勝ったが、2、3着が6、8番人気馬で波乱のレースになった。

重要なのは近走成績と芝長距離実績。まず重視したいのが近走成績で、前走か前々走で勝っているか、重賞で2着以内にきている馬を軸にしたい。条件級を勝ち上がったばかりで今回人気に推された馬がいたら、押さえておいたほうがいい。

芝長距離実績、できれば2400m以上の重賞で連対経験がある馬を狙いたい。天皇賞・春、ダイヤモンドSなど3000m以上のレースで、ある程度の実績があればなおいい。20年は出走馬がいなかったが、17年から3年連続で、前走芝2400mの六社Sで3着以内だった馬が馬券圏内にきている。

血統も長距離向きの馬が良く、現役時代に2400m以上のGIを勝った馬の産駒が好走している。

12R
3歳以上2勝クラス
ダート1300m

東京だけで行われるダート1300m戦は、未勝利戦や1勝クラス戦でもレース数は多くないが、今開催の2勝クラス戦はこの1鞍だけだ。20年は東村山特別として行われたが、今年は平場戦になった。

1番人気馬が3着以内を確保し、堅く収まることが多いレースだ。ただし19年のように1番人気馬が馬券圏内を外すと、上位人気馬も馬券対象外になり馬券は大荒れになる。1番人気馬の信頼度がポイントになる。

前走ダート1300mか1400m戦に出走した馬と、前走1勝クラスのダート1200m戦を先行して勝ち上がった馬が有力だ。

ダート1300mはスタートから3コーナーまでの距離が短いので、先行争いがスンナリ収まれば逃げ、先行馬が有利だし、もつれれば差し、追い込み馬にチャンスがくる。展開予想をしっかり行おう。

5回東京3日（11月13日）
9R　オキザリス賞
2歳1勝クラス
ダート1400m

ダート1400mで行われるように

なって、今年で7年目だ。2014年は1番人気馬が1着、15年は2着で、相手馬も上位人気馬だったので、馬券は堅く収まっていた。

16年以降は波乱含みだ。16年は単勝1・8倍の1番人気馬が11着に惨敗し、4、5、7番人気、17年は2、3、7番人気で比較的堅く収まったが、18年は1、2番人気が1、2着だったが、3着に単勝万馬券11番人気馬がきた。19年は1、2番人気が馬券圏外、4、10、3番人気、20年は1、4番人気が1、2着、3着が11番人気馬だった。

堅かろうが荒れようが、3着以内馬は前走で新馬戦か未勝利戦を勝ち上がった馬2頭、前走特別戦で1桁着順以内だった馬1頭の組み合わせになることが多い。

キャリアは浅くてもよく、むしろダートで何回も負けている馬は消しでいい。芝で負けているのは気にしなくていい。

10R 奥多摩S
3歳以上3勝クラス
芝1400m ハンデ

かつてハンデ戦で行われていたが、そのときも含め毎年頭数もそろい、馬券的におもしろいレースだ。ただし1番人気馬が連対すると大荒れにはならない。2016年は1番人気馬が1着、2着が単勝140倍の最低人気馬で、こりゃ大荒れかと思ったが、馬連9000円、馬単1万1000円、3連複1万3000円、3連単6万5000円と普通の穴馬券、18年は3、1、2番人気で火が消えたような馬券だった。

17年、19年、20年は1番人気馬が惨敗、2番人気馬が連対を確保したが、相手馬に2桁人気馬もいて大荒れ。1、2番人気馬がそろって馬券圏外になることはないが難解な一戦だ。

19年は期待を裏切ったが、前走が白秋Sだった馬が毎年1、2頭3着以内にきている。白秋Sの着順は2~17着と幅広いが、東京芝コースでの好走実績があった馬たちだ。

距離実績はそれほど気にする必要はないが、東京以外の新潟、中京でもいいので左回りでの勝利実績は不可欠だ。

11R 武蔵野S(GⅢ)
3歳以上オープン
ダート1600m

過去3年の競走成績詳報は40ページを参照してください

2011年~14年まで、1番人気馬は連対を外すことがなかったが、15、16、17年と3年連続で連対を外した。15、16年は2番人気馬が連対を果たしたが、17年は1~5番人気馬が全滅で、馬券は大荒れだった。18年は1、7、2番人気で決まり堅く収まったが、19年は1~7番人気馬が全滅、9、8、13番人気で3連単は235万馬券、20年は1、2番人気馬が馬券圏外、3、11、8番人気で決まった。一筋縄ではいかない重賞競走だ。

11〜20年で馬券になった30頭の内、前走で掲示板を外した馬は4頭だけ。3着以内の馬の前走は、3勝クラス（１６００万条件）からＧＩまでと多種多様だが、どのクラスのレースをステップにしていても、掲示板内であることが必須条件。また、馬券対象馬30頭のうち28頭は関西馬だ。関東馬は1、2番人気に推された馬以外は用なしだ。

今春以降で2勝以上挙げているか、オープン、重賞で勝っている馬を狙いたい。

東京ダート実績も重要で、休み明けなどで今春以降勝っていない馬を狙う場合は、ここでのオープン勝ちが必要。

12R
3歳以上牝馬2勝クラス
ダート１４００ｍ

2勝クラスのダート１４００ｍ戦が牝馬限定で行われたことはほとんどない。数多く組まれている牡牝混合戦を参考にする。

圧倒的に関西馬が強いが、最近は関東馬も善戦するようになった。18年、19年、20年は関西馬の参戦が少なく、珍しく関東馬が3着以内を独占した。

この秋開催で数多く行われるダート１４００ｍ戦は、極端な展開になって時に大波乱もあるが、1〜4番人気馬が全滅することはないので、この中の1頭を軸にし、上位人気馬も含め2桁人気の馬までを手広く相手にして、穴馬券を狙うレースだ。

重視したいのは左回りダート実績。東京ダートで勝ったことがある馬は頼りになるが、中京、新潟の実績でも有効だ。

近走成績はアテにならず、3、4ヵ月の放牧休養明けの馬、休み明けの前走で敗退し人気落ちの馬は要注意だ。人気薄の馬に減量騎手が騎乗し、あっと言わせることもある。

5回東京4日（11月14日）
9R　銀嶺S
3歳以上3勝クラス
ダート１４００ｍ

２０１９年まで銀嶺Ｓはハンデ戦として行われていたレースだ。今年の銀嶺Ｓは20年と同じ定量戦として行われる、

17年から3年連続でルメール騎乗馬が1、5、3番人気で勝利している。2着が5、12、1番人気馬、20年はルメールの騎乗はなく1、7、9番人気、いずれにせよ馬券は難解だ。

前走で１０００ｍ〜１４００ｍの2勝クラスを勝ち上がった馬が好成績。前走が3勝クラスのダート１４００ｍで掲示板を確保した馬と互角に渡り合っている。ただし20年に2、3番人気で6、7着に敗退した馬のように、前走がダート１４００ｍ以外で好走した3勝クラスの馬は、人気を裏切ることが多い。

このレースは牝馬か6歳以上馬が

●おとなの馬券学No.173は11月19日(金)発売です。

穴をあける。近走の成績を度外視して押さえておくことをお勧めする。

重視したいのは東京ダート実績。そしてダート1400m実績だ。どちらかで2勝クラスを勝ったことがあるか、現級やオープンで連対経験がある馬を狙いたい。

10R ユートピアS
3歳以上牝馬3勝クラス
芝1800m

2019年のユートピアSは芝1600mだった。20年と今年は1800m戦だが、1600m〜2000mを得意とする馬が出走するので、レース傾向は変わらない。

出走頭数の多少にかかわらず、1番人気馬が3着以内を確保するレースだ。あとの2頭は5番人気以内で堅く収まることもあれば、人気薄の馬が1頭絡んで波乱になることもあり、馬券的には難解なレースだ。

前走で2勝クラスを勝ち上がった馬、前走の好走がフロック視され人気になっていない馬が波乱の主役だ。

毎年スローペースになりがちで、逃げ馬は苦しいが、2、3番手につけた馬が馬券になっている。

東京、新潟、中京の左回り芝コースで、どの距離でもいいので2勝以上しているのに人気のない、19年に9番人気で1着、20年に13番人気で1着だったタイプの馬は要注意だ。

11R オーロC（L）
3歳以上オープン
芝1400m　ハンデ

前走の結果を参考に馬券を組み立てやすいレースだ。2014年、15年は前走で白秋Sを勝ち上がった馬が3着以内を確保し、16年〜20年は信越Sで掲示板内だった馬が馬券圏内を確保した。それ以外で好走するのは、前走がオパールSか重賞組で、そのときの着順は不問、今回の斤量が52〜54キロの馬だ。また、1〜3番人気に推された馬が3着以内にきている。

オープンクラスの芝1400m戦は、前半のペースは速くなり、最後は差し、追い込みが決まりやすくなるので、鋭い末脚を持つ馬が強い。逆にスローペースになれば、当然のごとく逃げ、先行馬が有利になる。ペースを読んで決め打ちしよう。

距離実績はなくても大丈夫。近走成績もそれほど重要ではなく、1200m、1600m戦で、惜敗している馬はむしろチャンスだ。16〜18頭立てで行われるレースだが、枠順については気にしなくていい。

12R
3歳以上2勝クラス
ダート1600m

初日12Rと同条件のレース。詳しくはそちらを参照してください。

1、2番人気馬のどちらかが3着以

内にくるが、相手が上位人気馬から2桁人気馬までと幅広く、馬券の絞り込みが難しいレースだ。

1700m以上のダート戦に好走歴のある馬と、前走で1勝クラスを勝ち上がった3歳馬に要注意。

5回東京5日（11月20日）
9R　晩秋S
3歳以上3勝クラス
ダート2100m

定量戦で行われていたレースを2019年はハンデ戦として行い、20年と今年は定量戦に戻した。

ハンデ戦は案の定1番人気馬が敗退したが、定量戦では、堅い決着のときも波乱のときも1番人気馬は3着以内を確保している。

勝つのは人気の有無にかかわらず関西馬で、関東馬は2、3着が精いっぱいだ。

前走で2勝クラスを勝ち上がった馬と、3勝クラスの特別戦で1桁着順だった馬が買いだ。大穴馬券を演出するのは、半年近くの休養明けか、ダートの長距離戦に実績があるのに、近走不振で2桁人気と評価を落とした馬だ。

ダート2100m戦で勝利したことがある馬が優勢だが、右回りの中距離ばかり走っていた関西馬が好走しているので、注意が必要だ。

10R　秋色S
3歳以上3勝クラス
芝1600m

2020年の秋色Sは、ダート1400mのハンデ戦、今年は別レース。しかも20年はこの開催で同条件のレースは行われなかった。19年以前のレースを参考にする。

出走頭数の多少にかかわらず、1番人気馬が馬券圏内を外すことはない。ただし相手馬が上位人気馬だけのときと、下位人気馬が1頭3着以内にくるときがある。このタイプは前走で2勝クラスを勝ち上がった馬、前走好走がフロック視された馬だ。

スローペースになっても逃げ馬は苦しく、先行した馬が好成績。東京、新潟、中京の左回り芝コースで2勝以上している馬は人気薄でも押さえておいたほうがいい。

11R　東京スポーツ杯2歳S（GⅡ）
2歳オープン
芝1800m

過去3年の競走成績詳報は44ページを参照してください

かつては多頭数が出走し、馬券は波乱含みでおもしろいレースだった。近年は2歳戦の番組が多様化してきたからか、10～13頭立てで行われるようになり、1～4番人気馬が1、2着を独占し、3着に5番人気以下の馬がもぐり込むのが精いっぱいという平穏な結果になっている。

2020年は10頭立て、単勝1・7倍の馬が勝ち、2、3着は5、3番人気馬だった。19年は8頭立て、1～

3番人気馬が人気順通りにきた。4~8番人気馬との力が違い過ぎ、超鉄板の堅い決着だった。ちなみに勝ったのは3冠馬になったムーア騎乗のコントレイル。

18年は16頭立てになり、秋競馬の支配者ムーア、ルメール騎乗のダントツ1、2番人気馬が9、4着に敗退し、8、7、4番人気で決まり、3連単は59万馬券と11年以来の大荒れになった。ただし2、3着はビュイック、C・デムーロだった。1、2番人気馬が揃って討ち死にしたのは18年だけだ。

2歳秋の芝中距離戦は、スローペースでも差し馬優勢。とにかく差して強い馬を狙おう。このレースは特にその傾向が強く、展開よりも末の爆発力を素直に評価したい。16年、18年は後方にいた3頭が1~3着、17年、19年は1、2着、20年は珍しく先行2頭が1、2着、出走馬すべてが1勝馬だったので、これは例外と考えていいだろう。

キャリアが浅い馬が強いレースで、軸は2勝している差し馬がベスト。相手馬は負けてもせいぜい1回までで、2回以上負けている馬や前走で連対を外した馬は軽視していい。

多頭数競馬になったら、1、2番人気馬のどちらかを軸に、相手は人気薄の差し、追い込み馬を含めることをお勧めする。

12R
3歳以上1勝クラス
芝1600m

5回東京で行われる1勝クラス芝1600m戦は、この1鞍だけ。フルゲート必至で馬券は難解、今年は最終レースに組まれたので一発逆転が狙える。

3歳馬が人気になるが、その取捨選択が難しい。2020年の同条件レースは、1~5番人気に推された3歳馬が全滅、長期休養明け6、12番人気の3歳馬が2、3着、勝った4歳馬は前走4着と好走したが、新潟芝1600m戦だったため7番人気と低評価だった。

芝1600m戦で勝利していることが好走の必須条件だが、東京コースで3着以内歴がある馬が人気の有無にかかわらず要注意だ。

レースペースが速くても遅くても、逃げ、先行馬2頭に、差し、追い込み馬1頭という組み合わせになることが多い。特に1~3枠の逃げ、先行馬は人気薄でも押さえておいたほうがいい。

5回東京6日(11月21日)
9R 赤松賞
2歳牝馬1勝クラス
芝1600m

1番人気馬が3着以下になることはないレースだ。

前走で新馬戦か未勝利戦を勝ち上がった馬と、前走が紫菊賞、サフラン賞、アルテミスS、サウジアラビアロイヤルCなどだった馬が3着以内にきている。

かつてはアパパネをはじめ、後のGⅠ馬を何頭も送り出したレースだが、重賞が増えた近年はレベルがやや下がり気味で、来春のクラシック戦線で主役を張るような馬の出走はほとんどなかったが、20年はアパパネの娘アカイトリノムスメが1番人気で勝利し、桜花賞4着、オークス2着とクラシック戦線を賑わせた。

他の2歳芝中距離戦と同様、前半はスローペースになるが最後は末脚の勝負になるので、差して勝利した馬が有力だ。

東京や新潟など広いコースに良績がある馬が買いで、小回りで凡走していても気にしなくていい。

10R　南武特別
3歳以上2勝クラス
芝2400m

2018年、19年と2年連続で7頭立ての寂しいレースになってしまった。18年は、オジュウチョウサンが参戦し話題になったが、馬券的には面白みのないレースだった。

開催前半に行われていたこのレースが、20年から6日目に移動し、出走頭数が若干増えて11頭立て、3、2、5番人気の小波乱。今年はもう少し増えて面白いレースになってもらいたい。

17年までのこのレースは、出走頭数が12、13頭立て以上だと1、2番人気馬のどちらか1頭が3着以内にくるが、あとの2頭は4~8番人気馬がきて高配当になっていた。特に前走で1勝クラスを勝ち上がった馬は要注意だ。

重視したいのは左回りの芝中長距離実績で、中でも東京芝2000m以上で差して連対実績がある馬が買いだ。上のクラスでの長距離実績がある上位人気馬は軸に最適。

11R　霜月S
3歳以上オープン
ダート1400m　ハンデ

とにかく荒れるレースで、2011年~20年までで16年、19年以外は毎年3連単が10万円以上、しかも14年2、3着、16年1着、17年3着、18年2着、19年3着に関東馬がきたが、10年間の3着以内馬30頭のうち、これ以外の3着以内の24頭は関西馬だ。

例外的に堅く収まった16年は、前走1600万条件（3勝クラス）の特別戦を圧勝し、東京ダート戦4勝の実績を評価され、2番人気に推された関東馬が勝ち、2、3着は人気の関西馬、同じく19年は単勝1・6倍の馬が1着、11、4番人気馬ときたが、3連単は両年とも3万円台だった。

霜月Sの穴馬は、前走で掲示板を外し人気薄になった馬が、得意の1400m戦で激走している。20年13番人気で3着だった3歳馬は、1400mで[3・0・0・2]だ。

●おとなの馬券学No.173は11月19日（金）発売です。

実績で重視したいのがダート１４００ｍ実績。この距離で準オープンかオープンを勝ったことがある馬を狙いたい。なお、持ちタイムは気にしなくていい。

東京ダート実績もあるに越したことはなく、距離実績がない場合はここで2勝以上は挙げていてほしい。

近走成績はアテにならず、前走2桁着順だった馬でも侮れない。また毎年のように6歳以上馬が3着以内にきて、波乱に一役買っている。

ハンデについては深く考えなくていい。近走イマイチのわりに斤量が重いな、という馬がよく好走している。

12R
3歳以上2勝クラス
芝１４００ｍ

初日９Ｒ神奈川新聞杯と同条件のレース。詳しくはそちらを参照してください。

ハンデ戦は荒れるが、定量戦は堅く収まることが多い。ただし最終レースの平場戦は、減量ジョッキー騎乗馬が多くなれば、ハンデ戦のようになるので、馬券的には面白いレースになるだろう。神奈川新聞杯で人気になって敗退した馬の巻き返しに要注意だ。

5回東京7日（11月27日）

9R　カトレアS
2歳オープン
ダート１６００ｍ

２０１９年までは1勝クラス戦として行われ、20年と今年はオープン特別だが、ほとんどの出走馬は19年までと同じ1勝馬、レース傾向は同じだろう。

15年までは16頭立てで行われていて、1、2番人気馬が苦戦続きで馬券は大荒れだった。16年は9頭立てで3、2、1番人気、17年は8頭立てで3、6、2番人気と順当な決着。18年は14頭立て、単勝１７０倍、13番人気馬が3着、19年は16頭立て、2、3着に10、7番人気馬がきた。20年は11頭立て、2、1、7番人気で堅く収まった。2歳馬にとってはタフなダート１６００ｍ戦は、このレースに限らず多頭数のときはかなり荒れ、少頭数のときは堅く収まると決めていいだろう。

前走で新馬戦、未勝利戦を勝った馬と、1勝クラスの特別戦で6着以内だった馬か、重賞に挑戦した馬が好走する。また、多頭数でも少頭数でも外枠の馬が好成績だ。

10R　シャングリラS
3歳以上3勝クラス
ダート１４００ｍ

２０１９年、20年のシャングリラ賞は2勝クラスのダート１６００ｍ戦。今年のシャングリラSは、3勝クラスのダート１４００ｍ戦、４日目９Ｒ銀嶺Ｓと同条件のレース。詳しくはそちらを参照してください。

前走で2勝クラスを勝ち上がった馬が活躍し、穴は牝馬か6歳以上馬、東京ダート実績かダート1400mでの好走実績が重要などです。

11R　キャピタルS（L）
3歳以上オープン
芝1600m

2016年までは、手が付けられないほど荒れるレースだった。1番人気馬が3着以内にくるときは、2、3番人気馬はまったく用なしで、4番人気以下の馬たちが2桁人気馬も含めて馬券圏内にひしめき合う。1番人気が馬券圏外だと、3〜10番人気の馬が3着以内に乱舞する。2014年までは前者のパターン、15、16年は後者のパターンだった。

17年はなぜか1、2、3番人気で決まった。原因のひとつは、例年人気薄で好走していた関西馬の参戦が少なかったからだ。18年は関西馬の参戦が半数、関東馬の1番人気馬が馬券圏外に去り、6番人気の関西馬が勝ち3連単は10万馬券だった。

19年は1番人気馬が馬券に絡めず、15、16年と同じパターンで3連単は68万馬券と大荒れ。前走で3勝クラスを勝ち上がった2着馬は買えるが、半年近くの長期休み明けで1、3着した馬を買うのは至難の業だ。

前走が富士Sなど重賞だった馬が3着以内にきていて、そのときの着順は4〜15着と幅広いが、ほとんどが東京コースにあまり実績がなかった関西馬だ。

20年は13頭の出走メンバーの顔触れがガラリ一変、前走重賞出走馬は3頭のみで、すべて馬券圏外。1、2着は芝のオープン特別、3着はダートのオープン特別だった。出走馬の質の変化に注意しよう。

12R
3歳以上2勝クラス
芝1600m

特別戦でも平場戦でも多頭数のレースにはならず、馬券もほとんど荒れない。今年は平場戦になったが、2020年は神奈川新聞杯として行われ12頭立て、5、1、2番人気と堅い決着だった。ただし、フルゲートになるとガラリ一変、波乱のレースになる。

スローペースになるが勝ち馬は差し、追い込み馬で、3着以内に逃げ、先行馬が1頭残るという決着になることが多い。

1〜4番人気馬が3着以内に2頭、あと1頭は下位人気馬がくるので、少頭数レースにしては馬券の絞り込みは難しい。

人気の有無にかかわらず、左回りの芝1600mに好走実績がある馬が活躍する。

11月13日8Rに、まったく同じ条

件のレースが行われている。同じような出走頭数だったら、レース結果は参考になるだろう。

5回東京8日（11月28日）
9R　オリエンタル賞
3歳以上2勝クラス
芝2000m

2019年までハンデ戦で行われていたレース。定量戦になった20年は7頭立てと寂しいレース。今年も定量戦、少頭数レースだったら馬券は手控えましょう。

重視したいのは芝2000mと東京芝実績。どちらかで勝っていれば合格だ。

3、4歳馬が好成績で、特に3歳で休み明け初戦か2戦目の馬が買いだ。東京芝2000m戦は内枠有利。出走頭数の多少、人気の有無にかかわらず、1～3枠の馬が馬券に絡まないことはない。

10R　アプローズ賞
3歳以上2勝クラス
ダート1600m　ハンデ

2020年はシャングリラ賞として行われたレース。今年のシャングリラSは7日目10Rにダート1400m戦で行われた。レース名を勘違いしないように注意しましょう。

アプローズ賞は初日、4日目12Rと同条件のレースで、こちらはハンデの特別戦。

連続開催終盤のダート1600m戦はハイペースになりやすく、差し、追い込み馬の天下になり、馬券も荒れる。

重視すべきは左回りのダート実績。1600mより長い距離で差して好走したことがある馬、特に1800mで連対したことがあるが、今回人気薄の馬は押さえておこう。ちなみに20年に14番人気で3着の馬は、1勝クラスのダート1800mを勝ったあと、芝のレースを4戦凡走したため人気がなかった。

近走成績は軽視していい。むしろ今秋の東京で、人気になりながら末脚不発だった馬は不気味だ。重いハンデを課せられた先行馬は苦戦するが、差し、追い込み馬はあまり苦にしない。

11R　ウェルカムS
3歳以上3勝クラス
芝2000m

2019年まで芝1800m定量戦、20年は芝2000mハンデ戦、今年は定量戦で行われる。20年は大荒れだったが、今年はどうなるだろうか。

この条件のレースが波乱になるときは、前走が芝2200m以上戦で敗退した馬が人気を落とし、距離の短縮効果で好走する。堅く収まるときは、前走が芝1800m～2000m戦で今回上位人気に支持された馬が連対し、3着に中位人気の馬がくる。出走メンバーをよく吟味し、どちらかの傾向に決め打ちすべきだろう。どちらの場合でも、牝馬が活躍することを忘れずに。

道中スローペースでも逃げ、先行馬だけでは決まらない。少なくても1頭は差し、追い込み馬が上位にくる。東京や新潟などの左回りで、後方から追い込んで勝ったことがある馬を狙いたい。20年に11番人気で差して3着の馬は、左回り〔3・0・2・3〕だった。

12R　ジャパンC（GⅠ）
3歳以上オープン
芝2400m

過去3年の競走成績詳報は47ページを参照してください

2020年はコロナ禍により外国馬の参戦はなく、今年もそうだろう。もっとも近年のジャパンCは、外国馬は06年に3着にきたのを最後に馬券に絡んでいない。すっかり最強日本馬決定戦というレースになっているので、馬券検討を変更する必要はない。

関東馬は、08年にスクリーンヒーロー、18年、20年にアーモンドアイが勝ち、17年にレイデオロ、19年にカレンブーケドールが2着、11年にジャガーメイル、14年にスピルバーグが3着にきただけで、あとはすべて関西馬だ。13年間の馬券対象馬39頭のうち、関東馬は7頭しかいない。まるで「カンサイC」だ。

2015年までは、3着以内にくる馬は前走がGⅠであることが必須条件だった。特に天皇賞・秋からの馬が3着以内にこなかったことはなかった。

16年にGⅡの京都大賞典、アルゼンチン共和国杯からの馬が1～3着を独占、前走がGⅠであることという好走の必須条件を崩した。17年以降、前走が天皇賞・秋からの馬と互角に、前走がGⅡ戦、3歳限定のGⅠ菊花賞、秋華賞だった馬が善戦している。

近年はスローペースで上がりの勝負になることが多く、好位で器用に立ち回って瞬発力で勝負する牝馬が強い。14、16、17年は牡馬が勝ったが、11年～13年、15年、18年、20年は牝馬が1着、19年は2着だった。

重視したいのは先行力とGⅠ実績。芝2000m以上のGⅠで先行して勝ったことがある馬が軸に最適。さらに言えば、3着以内率が高い馬が頼りになる。東京でのGⅠ実績がある馬も買いだ。

近走成績はあまりアテにならず、今秋の1、2戦イマイチの馬でも巻き返し可能。ただし休み明けの馬はさすがに苦しい。

●おとなの馬券学No.173は11月19日(金)発売です。

5回阪神 好走馬の傾向と対策

独自の分析による後半4レースの狙い目

十和田 航

5回阪神初日（11月6日）
9R　能勢特別
3歳以上2勝クラス
芝2000m　ハンデ

軽量3歳馬と遅咲きの4歳馬が中心

過去3年の同時期同条件は、スローの流れから直線での上がり勝負になる傾向が強く、馬券に絡んだ9頭は斤量減の利がある3歳馬と4歳上がり馬、同じく斤量2キロ減の牝馬が占めている。

なかでも馬券対象馬のうち4頭を占める3歳馬は、昇級1～2戦目の上がり馬ばかり。また残り5頭を占める4歳馬のうち3頭は、昇級して6～7戦目の晩成タイプだが、うち4頭は前2走以内で1回は馬券に絡む上昇度を示している。

今年はハンデ戦に変更されるが、昇級して間がない上がり馬や、まだ現級で実績のないタイプは当然斤量が軽減されてくる。とりわけ牝馬を含めた昇級1～2戦目の3歳馬は、定量戦と同等あるいはそれ以上にハンデが軽減される可能性もあるだけに、伸長度に勝る3歳馬と牝馬勢に注目したい。

10R　安芸S
3歳以上3勝クラス
ダート1200m　ハンデ

ハンデ戦は3歳上がり馬と牝馬が有利

定量戦だった過去3年の同時期同条件において、3歳馬の参戦は延べ6頭と少ないが、それでも昨年は昇級初戦、2戦目の牡馬と牝馬がワンツーを決めている。この11月期から1200mの定量戦は4歳以上の57キロに対して3歳馬が56キロで前月までの2キロ差から条件が厳しくなっていることを考慮すると、スピード勝負への対応力の高さと伸長度に勝る3歳馬の優位は揺るぎない。

今年はハンデ戦に変更されることで定量戦より斤量の軽減が予想される3歳馬や牝馬が参戦数を増やしてくるのは必至。なかでも昇級してまだ結果の出ていないタイプや、昇級間がない1～2戦目の上がり馬に条件はかなり有利になってくる。さらに4歳以上でも現級で苦戦続きのタイプは、大幅なハンデの軽減が予想されるだけに穴馬タイプとして変身を警戒したい。

11R　ファンタジーS（GⅢ）
2歳牝馬オープン
芝1400m

過去3年の競走成績詳報は37ページを参照してください

過去3年で延べ6頭の2勝～3勝馬が参戦しているが、馬券に絡んだのは新馬→GⅢ小倉2歳Sを連勝中だった昨年の優勝馬のみ。対して馬券に絡んだ9頭のうち18年の2着馬と19年の勝ち馬、さらに昨年2着した3頭が新馬勝ちからの直行で結果を出しているように、番組の多様化やキャリアの簡素化と並行して、オープンでの実績よりも素質の高さと仕上がりの早さが重視されてくる。

ただ18年が前半1000m通過59秒1のスローペースでレースの上がり3Fが34秒2と典型的な決め手勝負だったのに対し、ここ2年は同57秒3、56秒6の厳しい流れになったことで19年はGⅢ4着馬が3着し、昨年は前記GⅢ勝ち馬がレコードで勝利。3着にもGⅢ3着馬が入るなど、3頭の重賞好戦組が馬券に絡んでいるのは、重賞の厳しい流れを経験してきた強みがあるからだろう。

馬券対象馬の勝ち上がってきた距離は1200～1600mと幅があるが、このうち8頭がメンバー最速～No.2の上がりを駆使した実績があった。その点で勝ち上がりの距離はあまり重視されず、追って速い脚を使えることと、スピードの絶対値がポイントになる。

●おとなの馬券学No.173は11月19日(金)発売です。

12R
3歳以上2勝クラス
ダート1200m

放牧で立て直してきた実績上位馬を警戒

過去2年の同時期同条件で3歳馬の参戦は延べ10頭と少ないが、馬券に絡んだのは19年に3、2着した昇級2戦目と3戦目の牡馬2頭だけ。他の8頭は厳しい流れや多頭数競馬でもまれて力を出し切れずに6着以下に敗れており、人気が先行する点でも馬券的な妙味には欠ける。

代わって台頭しているのが残り7頭を占める4歳以上で、4頭が馬券に絡む4歳馬を筆頭に5歳馬が1頭、7歳馬が2頭と幅広い世代に亘っている。このうち5頭は昇級3~5戦目という遅咲きの上がり馬や現級で連対歴がある実績上位組だが、とりわけ4頭は前走で11~15着に敗れていることで10~12番人気と評価が低かったが、いずれも休養明け1~2戦目のリフレッシュ効果で変身を遂げているように、放牧で立て直してきた実績上位組を警戒したい。

5回阪神2日(11月7日)
9R もちの木賞
2歳1勝クラス
ダート1800m

キャリア3戦以下の先行タイプが中心

キャリアの浅い1勝クラス戦は逃げ、先行策での勝ち上がり組が数多く出走して激しい先行争いが予想されるが、逆に各馬が牽制し合うことで過去3年の前半1000m通過は62秒台~64秒台とペースは上がらない。馬券に絡んだ9頭は4コーナー4番手以内の逃げ、先行策から粘り込んでいる。

馬券対象馬は、前走で1600~1800mの新馬戦または未勝利戦を勝ち上がりのキャリア3戦以内馬。このうち6頭は2着以下を0・6秒差以上離す強い勝ちっぷりを示している。

10R 道頓堀S
3歳以上3勝クラス
芝1200m

距離を短縮の5歳以上馬を警戒

ハンデ戦の昨年を含む芝1400mだった過去3年の同時期同条件で、3歳馬の参戦は5頭と少ない。2018年に現級2連対の実績ある3歳牝馬が2着した例があるだけだ。代わって台頭しているのが馬券に絡んだ9頭中7頭を占める5~6歳勢で、うち4頭は現級での連対歴があり、また残り3頭中2頭は昇級1、3戦目という遅咲きの上がり馬だった。

馬券対象馬のうち当距離で2勝以上の勝ち鞍があったのが2頭だけで、他の7頭は1勝以下でかつ1頭の初距離組を含む5頭までが、3戦以下と距離経験が薄かった。これらはマイル以上の中距離あるいは1200mのスプリント戦から距離を短縮または延長して結果に結び付けており、距離経験が少ないぶん変わる可能性が大きかったことを裏付けている。今年は距離が1ハロン短縮されるが、同様に1400mやマイルから距離を短縮して臨む、スピード優先タイプの変わり身に警戒したい。

11R　みやこS（GⅢ）
3歳以上オープン
ダート1800m

過去3年の競走成績詳報は39ページを参照してください

17年と19年、20年の過去3回において、別定57～59キロを背負う13頭のうち馬券に絡んだのはわずか2頭。残る7頭は斤量56キロ組だけに、重い斤量が足かせとなっているのは否定できない。

馬券対象馬9頭のうち重賞勝ちは芝GⅡ勝ちがあった昨年の勝ち馬を含む3頭だが、17年の勝ち馬は重賞初挑戦の前走GⅢで2着し、19年の1、3着馬は2走前のGⅢ3着とGⅠ2着馬。また昨年の2、3着馬も交流戦を含む前3走のGⅢで連続4着、前走GⅢで小差3着するなど8頭までが重賞級の能力を示していた。

過去3回とも前半1000m通過が良馬場で59秒台～60秒台とペースが速く、勝ち時計も1分49秒台～50秒台前半と優秀だったことで先行勢は厳しい展開を強いられ、馬券対象馬のうち7頭が3コーナー6～15番手から息の長い末脚で台頭している。この厳しい流れは斤量負担組には逆風となり、前3走以内で勝ち上がって勢いに乗る上がり馬や、勝ち切れないまでも重賞での好戦が続く好調キープの恵量組が配当的には一番の狙い目になってくる。

12R
3歳以上2勝クラス
芝1600m

重賞好戦組を含む3歳馬を信頼

過去3年の同時期同条件において3歳馬の参戦数は延べ8頭と少ないが、3頭が上位を独占した18年を含めて、馬券に絡んだ9頭中6頭が、斤量2キロ減の利がある3歳馬だ。これらはいずれも昇級1～4戦目と伸びシロの大きいタイプだが、うち3頭は重賞で0・8秒差以内に善戦して素質の片りんを示していた。当然ひと夏を越しての成長も見込めるだけに、このタイプの信頼度はかなり高くなってくる。

さらに過去3年の前半1000m通過は59秒台～60秒台の緩ペースで、ラスト3ハロンが33秒台～34秒台前半の決め手勝負になっているのも瞬発力勝負に強い3歳馬を後押ししている。同時に馬券に絡んだ残り3頭の4～5歳馬は、4コーナー4番手以内の先行策からの粘り込みで、緩い流れを味方に先行してしぶとさを発揮している。

5回阪神3日（11月13日）
9R　岸和田S
3歳以上3勝クラス
芝2000m　ハンデ

重賞好戦歴ある3歳馬と3～4歳の上がり馬が主役

定量戦の1800～2000mで施行された過去3年の同時期同条件において3歳馬の参戦は9頭と少ないが、2018～19年は重賞での好戦実績がある素質馬が上位人気でワンツーを決め、昨年も連勝中の勢いある3歳馬が勝利するなど、昇級初戦の牡馬3頭と牝馬2頭が馬券に絡み、斤量減の利と伸長度で4歳以上を圧倒している。

今年はハンデ戦に変更されるが、同じくハンデ戦で施行された15～17年の同時期同条件ではハンデ頭3頭を含め56～56・5キロを背負う6頭のうち、馬券圏内を確保したのは2頭だけ。残り4頭は4着以下に敗れ、馬券に絡んだのは3歳馬4頭を含む51～54キロ組。伸びシロが大きくかつ斤量も軽減される上がり馬の優位は明白。今年も重賞の好戦歴ある素質上位の3歳馬を中心に、相手となる4歳馬も遅咲きタイプの上がり馬に絞り込みたい。

10R　堺S
3歳以上3勝クラス
ダート1800m　ハンデ

伸びシロある軽量組が中心

1800～1900mで施行された過去3年の同時期同条件は、負担重量の上下差が4～5キロと比較的小さかったが、ハンデ頭を含む55～57キロを負担する14頭のうち馬券に絡んだのは19年に3着した5歳馬と昨年昇級初戦で勝利した3歳馬だけ。他の7頭は53～54キロの軽量組が占めているように、わずかな斤量差でも実績上位組はやはり割り引いて考える必要がある。

これら軽量組7頭は世代的には3歳～6歳と幅があるが、このうち5頭は世代を問わず昇級1～5戦目と伸びシロある上がり馬だった。残り2頭は現級で連対歴のない6歳牝馬と5歳馬だが、前者は前走の交流GⅠで小差6着の勢いと軽量53キロで2着。後者も前2戦とハンデは一緒ながら全3勝を挙げる距離に短縮して結果に結び付けるなど好走の要因はハッキリしている。今年も勢いと伸びシロがある軽量の上がり馬、あるいは近走に比べて斤量軽減や条件が有利になった軽量組の変わり身が狙い目になってくる。

11R　デイリー杯2歳S（GⅡ）
2歳オープン
芝1600m

過去3年の競走成績詳報は41ページを参照してください

過去3年で5頭の2勝馬が参戦し、18年は新馬→オープン連勝中の牡馬が勝利し、未勝利→オープン連勝中の牡馬が3着。昨年も未勝利→オープン連勝中の牡馬が2着しているが、他の2頭が6、5着敗退でいまひとつ信頼性に欠ける。一方で馬券に絡んだ9頭中7頭は、1～4戦以内のキャリアで馬券圏内確保率10割の安定した走りを示していた。

過去3年の前半1000m通過は58秒台～61秒台とかなり緩急あるが、馬券対象馬のうち8頭は、ラスト33秒台～34秒台前半の末脚を駆使しているように上がり勝負で台頭している。この展開で強さを見せているのが持続力ある末脚を使えるタイプで、5頭は1600～1800mで勝ち上がって持久力勝負への対応力を示している。ただダート戦の勝ち上がりだった18年の2着馬を含む残り4頭も1400mで勝ち上がりとはいえ、少ないキャリアの中でメンバー中最速の上がりを駆使した実績を有していたのは見逃せない。

12R
3歳以上2勝クラス
芝1400m

斤量減の3歳馬と牝馬勢が断然優位

過去3年の同時期同条件において、昨年は前半1000m通過が56秒5のハイペースで、レースの上がり3Fは35秒8を要しているが、基本的には18～19年のように58秒台～59秒台の平均的な流れからラスト33秒台の決め手勝負になる傾向が強くなっている。この上がり勝負で強さを見せているのが3歳馬と牝馬勢。このうち3歳馬は昇級1～6戦目と伸びシロあるタイプなのに対し、牝馬の場合は現級での連対歴がある4～5歳勢も含まれるが、対4歳以上で斤量1キロ減（牝馬はさらに2キロ減）のアドバンテージは大きい。

ただし過去3年はかなり緩急の激しい流れで、馬券対象馬のうち7頭は4コーナー5番手以内の逃げ、先行タイプが占め、差し馬勢は2頭と苦戦傾向にあり、内回りらしい先行有利の特徴を裏付けている。

●おとなの馬券学No.173は11月19日(金)発売です。

5回阪神4日（11月14日）

9R　黄菊賞
2歳1勝クラス
芝2000m

緩ペース必至、器用さと決め手を重視

2歳戦では数少ない2000mらしく、過去3年で馬券に絡んだ9頭は1800〜2000mで勝ち上がる中長距離指向の強いタイプばかり。同時に馬券対象馬はキャリア3戦以下で伸びシロが大きく、うち8頭は前走で新馬戦あるいは未勝利戦の勝ち上がり組が各4頭ずつを占めて勢いの重要性を裏付けている。

過去3年は前半1000m通過が62秒台の緩ペースから上がりの速い勝負になり、馬券に絡んだ9頭中8頭が前走でメンバー最速〜№2の速い上がりを駆使していた。その点で追って速い脚のないタイプや展開に左右される後方一気のタイプは信頼性に乏しく、道中は前めの位置で流れに乗り、かつ追って速い脚を使えるタイプが中心になってくる。

10R　室町S
3歳以上オープン
ダート1200m

キャリアが浅い上がり馬を警戒

例年10月期に京都で行われるハンデ戦だが、過去3年は負担重量の上下差が6〜7キロと大きいことでハンデ頭4頭を含む57〜58キロを背負う10頭の実績上位組は苦戦している。馬券に絡んだのは2018年に3着したオープン2勝の6歳馬だけ。他の9頭は4着以下に敗退している。

今年は3歳馬55キロ、4歳以上が56キロ（牝馬は2キロ減）の基本重量に、収得賞金に応じて斤量が加増される別定条件に変更されるが、ハンデ戦同様に実績上位組ほど負担重量が大きくなる。

注目したいのはハンデ戦の過去3年同様に馬券に絡んだ残り8頭を占めた軽量組。このうちオープン勝ちがあったのは3頭だけで、他の5頭はオープン挑戦が1〜5戦目という上がり馬なので、世代を問わずこれら軽量組には引き続き注目したい。

ただ例年オープン戦らしくハイペースは避けられず、逃げて馬券に絡んだのは19年に軽量51キロでレコード勝ちした3歳牝馬だけ。また4コーナー4番手以内の先行策で粘ったのも3頭で、他の5頭は7〜15番手からラスト34秒台〜35秒台の伸びで台頭しているだけに、脚質的には強烈な決め手を持った差し、追い込みタイプが狙い目になってくる。

11R　エリザベス女王杯（GⅠ）
3歳以上牝馬オープン
芝2200m

過去3年の競走成績詳報は42ページを参照してください

過去3年で馬券に絡んだ9頭は、1勝～3勝の重賞勝ちがあり地力の高さが求められるが、臨戦過程として注目したいのが4～5歳世代の6頭が馬券圏内を確保しているGⅡ府中牝馬S組。18年は同2、5着から臨んだ2頭がワンツーを決め、19年も同3、5着からの臨戦馬が1、2着。昨年も同レースで重賞初制覇の5歳牝馬が勢いそのままに2着し、同じく5着馬が3着を確保しているだけに、最も重要なステップレースとして引き続き狙っていきたい。

対する3歳馬はGⅠ秋華賞組が人気の中心になるが、馬券に絡んだのは19年に6ヵ月の休養明けで3着したオークス馬だけ。18年は前年の秋華賞3着馬が3着に健闘したものの、東の紫苑S勝ち馬が5着。19年は秋華賞1、4着馬が5、15着に敗れ、昨年も同3、5着馬が6、10着に敗退するなど秋華賞までの激戦の疲労残りが懸念される結果が出ている。

リピーターの活躍が目立つのも大きな特徴で、17年優勝の3歳牝馬は翌18年も3着し、17年2着の4歳牝馬はその後3年連続で2着を確保。またここ2年は1、3着は同一馬が入っている。馬券対象馬のうち前走でも勝利していたのはオークス勝ちから臨戦した19年3着馬と府中牝馬S勝ちの勢いがあった昨年の2着馬だけ。他の7頭は前走時の2～5着敗退から巻き返しているので、馬券的には惜敗からの巻き返し組を狙うほうがはるかに妙味は大きい。

12R　ドンカスターC
3歳以上2勝クラス
ダート1400m

大敗後でも変わる可能性を秘めた3歳馬を警戒

18年を除く過去3年の同時期同条件3レースでは、11頭と参戦数の少ない3歳馬が4頭馬券に絡んでいる。これらは昇級1～3戦目の上がり馬で、17年の2、3着馬は昇級初戦の9、10着敗退から休養を挟んで一気に巻き返し、19年の3着馬も休養明け初戦の5着敗退から前進。昨年の勝ち馬も前2戦が3歳オープンで4、10着敗退ながら休養を挟んだ昇級初戦で変身を遂げている。キャリアの浅い3歳馬は昇級戦ではクラスの流れに戸惑って大敗するケースがあっても、一度経験することでガラリ変わってくることも多いので、一度の敗戦で見限らずに追いかけてみるのもひとつの馬券作戦といえる。ただし差し、追い込みタイプの3歳馬は多頭数競馬ではキャリアの浅さを露呈して力を出し切れないケースが多く、脚質的には軽量を武器にスピードを生かす逃げ、先行タイプが一番の狙い目になってくる。

これら3歳勢の相手になるのは実績に勝る4～5歳馬だが、馬券に絡んだ残り5頭のうち4頭は、前3走以内で最低でも1回は馬券に絡む状態の良さを示しており、やはり伸びシロを残した好調組を中心に絞り込みたい。

5回阪神5日（11月20日）
9R　出石特別
3歳以上2勝クラス
ダート1800m

3～4歳世代の上がり馬が中心

過去2年の同時期同条件の平場4レースで馬券に絡んだ12頭のうち10頭までが、昇級1～5戦目と伸長度に勝る上がり馬。馬券圏内馬は、5頭を占める上昇3歳馬と4頭を占める遅咲きの4歳上がり馬に絞り込まれてくる。

同時にこれら上がり馬は、前3走以内において1回～最高3回まで馬券に絡んで状態の良さも裏付けており、馬券対象馬のうち8頭までを4番人気以内の上位人気勢が占めている。

ただ対象4レースの前半1000m通過は60秒台～62秒台と緩急あり、馬券対象馬のうち4コーナー5番手以内の逃げ、先行勢が7頭を占める反面、同6～11番手の差し馬勢も5頭が台頭して脚質的による有利不利は問われず、また伸びシロに勝る上がり馬が中心勢力だけに距離実績もあまり重視されない。

10R　尼崎S
3歳以上3勝クラス
芝2400m

定量戦変更でも上がり馬を中心視

2200m～2400mのハンデ戦だった過去3年の同時期同条件3レースは、負担重量の上下差が4～5キロと比較的大きかった。2018年は再昇級3戦目の4歳馬が56キロで勝利し、19年は現級1連対の6歳馬が56キロで2着。昨年も昇級2戦目の4歳馬が56キロで2着するなど、7頭のハンデ頭のうち3頭が馬券に絡んでいるが、レース自体は例年緩ペースから上がり勝負になる傾向が強く、他の6頭は52～55キロの恵量を味方に台頭しており、斤量を背負う実績上位組は苦戦を強いられている。

今年は定量戦に変更されるが、同じ定量戦だった15～17年をみても馬券に絡んだ9頭は世代こそ3~6歳と幅広いものの8頭までが昇級1~3戦目の上がり馬で占められ、長丁場らしく好調度と伸長度が大きなファクターになっている。今年も世代を問わずに好調かつ伸びシロある上がり馬から絞り込みたい。

11R　アンドロメダS（L）
3歳以上オープン
芝2000m　ハンデ

前3走以内で重賞5着以内がある馬が狙い

　過去3年の負担重量の上下差が3~6キロと幅があり、19年は56キロの5歳馬が3着し、昨年も56キロの4歳馬が2着するなど、2頭がハンデ頭で馬券に絡んでいるが、他の5頭のハンデ頭は6着以下に敗退している。

　代わって台頭しているのが馬券に絡んだ残り7頭を占めるハンデ頭ではない51~56キロ組。このうちオープン勝ちの実績があったのは2頭だけだが、18年に2着した5歳馬は夏場のGⅢで2戦連続4着の実績があり、19年の1、2着馬も2走前のGⅢで2着、前走のGⅢで5着と地力の高さをアピール。そして昨年は勝ち馬が2走前のGⅡで4着、2着馬は3走前のGⅠで5着し、3着馬も2走前のGⅢで5着するなど、前3走以内の重賞で5着以内を確保して能力の高さを示している。

　さらに前半1000m通過は例年59秒台~60秒台と平均的な流れだが、ハンデ戦で道中の出入りが激しくなるせいか、過去3年で馬券に絡んだ9頭中7頭が4コーナー6~11番手から台頭しており、直線短い内回りでも脚質的には差し、追い込みタイプに警戒したい。

12R
3歳以上2勝クラス
ダート1200m

強力な逃げ馬から差し馬への流し馬券が狙い

　初日12Rと同条件のレース。対象3レースの前半1000m通過は58秒台の速い流れのなか、逃げ馬3頭を含む4コーナー2番手以内の先行勢4頭が馬券に絡んでいる反面、他の5頭は同10~16番手からラスト35秒台~36秒台の強烈な伸びで台頭し、相反する脚質が上位を占めている。

　このことは先行勢なら自分のスタイルを貫きとおすことで強さを発揮し、同時に差しタイプもまた本来の競馬に徹することでハイペースに乗じて漁夫の利にあずかっており、馬券的には強力な逃げ馬から差し馬への流し馬券が狙い目になってくる。

●おとなの馬券学No.173は11月19日(金)発売です。

5回阪神6日（11月21日）

9R　秋明菊賞
2歳1勝クラス
芝1400m

前2走以内で勝ち上がりの勢いを重視

過去3年の前半1000m通過は、最も速かった昨年の57秒1に対して2018年が同61秒3とかなり緩急あり、レースの上がりも33秒8〜35秒9と幅がある。馬券に絡んだ9頭は4コーナー5番手以内の逃げ、先行勢5頭に対して、7〜10番手の差し馬勢が4頭と脚質的には互角の勝負を展開している。

馬券対象馬は最少1戦〜最高5戦とキャリアに幅があるが、前2走以内で勝ち上がりの勢いをそのまま結果に結びつけている。また勝ち上がりの距離は、ダートでの初勝利から芝に参入してきた2018年の3着馬を含め、1200mでの勝ち上がり組4頭はキャリア2戦以下で連対10割と素質の高さを示していた。対して他の5頭は1400〜1600mでの勝ち上がり組で距離経験の強みを発揮しているが、勝負を左右するだけの優位性はなく、基本的には資質の高さ、勝ち上がったレースレベルの高さ、さらにはラストでどれだけ速い脚が使えるかが勝負を決する重要なポイントになってくる。

10R　武田尾特別
3歳以上2勝クラス
芝1800m

上がり勝負、3歳馬と牝馬の決め手を重視

過去3年の同時期同条件において4歳降級制があった18年はハンデ戦ながら現級勝ちがあるハンデ頭56キロの5歳馬と4歳馬がワンツーを決めている。同じハンデ戦ながら4歳降級制がなくなった19年は、昇級2戦目の3歳両馬が54キロを味方に1、2着している。

対して定量戦に変更された昨年は4歳牝馬と5歳牝馬が1、3着し、GⅡ3着がある素質確かな3歳馬が2着を確保しているが、これらは3歳馬と牝馬の斤量減が追い風になっていたのは明らか。さらに舞台は道中の流れが落ち着く傾向にあるワンターンの阪神9ハロンで、昨年も前半1000m通過59秒5の緩ペースから上位3頭はラスト33秒台の末脚を駆使しているので、軽量の利がある上昇3歳馬と好調牝馬には引き続き注目したい。

11R　マイルCS（GⅠ）
3歳以上オープン
芝1600m

過去3年の競走成績詳報は45ページを参照してください

過去3年で馬券に絡んだ9頭は、

1勝～最高5勝の重賞実績で地力の高さを裏付けているが、近年は従来のスワンSや富士Sなどの前哨戦に加えて毎日王冠や天皇賞・秋からの臨戦組が増えてレベルがかなり高くなっている。

結果として18年は毎日王冠と天皇賞から臨戦の3歳馬と4歳馬が1、3着し、富士Sから臨戦の4歳馬が2着。19年は毎日王冠と天皇賞から臨戦の4～5歳馬が上位を独占し、昨年はスプリンターズSから臨戦の4歳牝馬が勝利し、春の安田記念からぶっつけの5歳馬とスワンSをひと叩きした4歳馬が2、3着するなど最強マイラー決定戦にふさわしい馬が上位を占めている。

同時にまた過去3年の馬券対象馬のうち7頭は、マイルで3勝～最高7勝の距離適性を示し、マイルでの経験と実績が薄い残り2頭も連対率5割超の高い適性を示していた。これは近年の傾向が中長距離路線の秋3冠にこだわらない傾向が浸透しつつあることを示している。GⅠ～GⅡレベルからの参戦組は距離適性を重視したローテとみて引き続き注目したい。

ただし過去3年の前半1000m通過はともに58秒台でマイルGⅠとしてはむしろ遅いくらいで、馬券対象馬のうち7頭までが4コーナー5番手以内から33秒台～34秒台前半の末脚を駆使している。この速い上がりでは中団以下の差し馬勢では展開が厳しく、早めの位置で流れに乗る機動力と追ってからも速い脚を使える自在性が最大のポイントになってくる。

12R　姫路S
3歳以上3勝クラス
ダート1400m

定量戦でも条件有利な3歳馬と牝馬を警戒

過去3年の同時期同条件において、ハンデ戦だった18～19年はハンデ頭56キロの両馬は6、16着に敗れ、馬券に絡んだ6頭は、世代を問わず53～55キロ組が占めていて、スピードが優先される舞台らしく斤量差が大きなアドバンテージになることを裏付けている。対して定量戦に変更された昨年は、3歳馬の参戦はわずか2頭だけで、3歳馬と4歳以上の斤量差もわずか1キロだったが、前走で2勝クラスを勝ち上がった3歳両馬が片や後方から直線一気に末脚を伸ばし、一方は前半1000m通過が59秒1の厳しい流れを先行策から粘り込んでワンツーを決めた。ハンデ戦と同様にわずかな斤量差でも勝負においては大きな追い風になることを実証している。

　また斤量2キロ減の牝馬も3歳馬同様にアドバンテージがあり、昨年こそ6頭の参戦で結果を出せなかったが、決め手の勝負になれば大きな追い風となるだけに、昨年の結果だけで見限るのは早計で巻き返しに警戒したい。

5回阪神7日（11月27日）
9R　江坂特別
3歳以上2勝クラス
芝2600m

実績よりも上昇力と好調の3歳馬を中心視

　従来より距離が1ハロン延長されて2600mで施行された昨年は、前半1000m通過が64秒8のスローペース。結果として上がりの速い競馬になり、4コーナー6、9番手の4歳牝馬と牡馬が決め手勝負でワンツーを決めている。同様に2400mだった2018～19年も、前半1000m通過が63秒台、59秒台とペースは違っていたが、馬券に絡んだ6頭は4コーナー5番手以内から粘り込んでいるように、先行力があるタイプや差し馬でも勝負どころで好位まで押し上げる機動力を兼ね備えたタイプが強さをみせている。

　さらに世代別では斤量減のアドバンテージある3歳馬4頭が昇級2～3戦目の上昇力で馬券に絡み、遅咲きの4歳上がり馬が3頭でこれに続いている。どの馬も前3走以内で1～2回は馬券に絡んで状態の良さを示しているように、長丁場で重要なファクターとなる好調さと上昇力を併せ持ったタイプの信頼度はかなり高くなっている。

10R　茨木S
3歳以上3勝クラス
ダート1800m

決め手勝負の定量戦は3歳馬と牝馬に有利

　条件はハンデ戦から定量戦に替わるが、1800mにおける定量戦は4歳以上の57キロに対して3歳馬は55キロ（牝馬はさらに2キロ減）で出走できるアドバンテージがある。さすがにハンデ戦ほどの負担重量の開きはないものの、概して定量戦はハンデ戦よりも道中のペースが落ち着いて上がりの速い勝負になる傾向が強いだけに、直線での決め手勝負になればハンデ戦同様に上昇度と伸長度に勝る軽量3歳馬、好調下にある軽量牝馬には大きな追い風になることを念頭におきたい。

11R　京都2歳S（GⅢ）
2歳オープン
芝2000m

過去3年の競走成績詳報は46ページを参照してください

　過去3年は10頭以下の少頭数のわりに淀みのないペースで流れ、先行勢で馬券に絡んだのは前半1000m通過60秒4の速い流れのなか、4コーナー3番手以内の先行決着となった19年の上位3頭だけ。他の6頭は4〜8番手から追い比べで台頭しており、直線でどれだけ速い脚を使えるかが勝負のポイントになってくる。それを裏付けるように18〜19年の1、2着馬は前走で最速の末脚を駆使し、昨年の上位3頭も前2走以内で最速の末脚を駆使するなど、7頭が決め手勝負への対応力の高さを示している。

　同時に馬券対象馬のうち7頭がキャリア2戦以下で、5頭が前走で新馬戦や未勝利戦、1勝クラスを勝ち上がった馬。対して重賞からのローテで勝利したのはGⅢ3着からの臨戦で勝利した18年の勝ち馬だけ。リステッド競走を含めても昨年の1、2着馬を合わせた3頭だけにとどまっているように、重賞またはオープンのキャリアはあまり重視されず、資質の見極めと勝ち上がったレースのレベル、上がり勝負への対応力を重視して狙い馬を絞り込みたい。

12R
3歳以上2勝クラス
芝1200m

人気先行の3歳馬より牝馬が狙い

　特別戦を含む過去3年の同時期同条件3レースにおいて、3歳馬は延べ13頭が参戦しているが、馬券に絡んだのは軽量を利した先行策から1、3着した18年の牝馬2頭だけ。他の11頭は4着以下敗退と苦戦を強いられている。

　対して強さをみせているのが同じく軽量のアドバンテージがある牝馬勢。延べ参戦数は24頭とかなり多くなるが、18年は前記3歳牝馬2頭と降級3戦目の4歳牝馬が上位を独占。4歳馬が上位を占めた19年は芝路線に変更して3戦目の牝馬が勝利し、近走が苦戦続きだった牝馬が3着に好走。昨年も現級での連対歴がある4歳牝馬と5歳牝馬が2、3着するなど、7頭が馬券に絡む活躍をみせている。このうち5頭は休養明け2〜3戦目で前走時の5〜14着敗退からの変身劇だけに、リフレッシュ効果も重要なファクターとして警戒したい。

●おとなの馬券学No.173は11月19日(金)発売です。

5回阪神8日（11月28日）

9R　白菊賞
2歳牝馬1勝クラス
芝1600m

距離実績よりも上がり勝負への対応力が重要

過去3年で馬券に絡んだ9頭中7頭は、前走で新馬戦または未勝利戦を勝ち上がった勢いをそのまま結果に結び付け、うち6頭がキャリア1戦～2戦の上がり馬だった。対して重賞またはオープンからの臨戦組は2017年に2、3着したのが最後で、ここ3年では5頭の参戦で19年にGⅢ5着馬が3着を確保するのがやっとだけに過大評価はできない。

さらに勝ち上がりの距離では、馬券対象馬のうち5頭は、1600mでの勝ち上がりで距離経験の強みを発揮しているが、過去3年は平均的なペースから直線での決め手勝負になり、馬券に絡んだ残り4頭はダートから芝に転戦した19年2着馬を含め1200～1500mでの勝ち上がり組が占めていて、距離実績はあまり重視されない。注目すべきは追ってどれだけ速い脚を使えるかで、馬券対象馬のうち8頭が少ないキャリアのなかでもメンバー最速か2番目の末脚を駆使していたことは見逃せない。

10R　立雲峡S
3歳以上3勝クラス
芝1600m　ハンデ

ハンデ戦変更で軽量の上がり馬と牝馬が躍進

定量戦で施行された過去3年の同時期同条件は、例年頭数が少ないうえに前半1000m通過が59秒台～60秒台の緩ペースで、ラスト32秒台～33秒台の上がり勝負になる傾向が強くなっている。さらに3歳馬の参戦も少なく、馬券に絡んだ9頭中7頭を現級勝ちあるいは現級での連対歴ある4～5歳馬が占めていて、本命サイドで決着する傾向が強かったが、今年はハンデ戦、3歳の上がり馬や牝馬は斤量が軽減されるだけに絶好の狙い目になってくる。

また19年に上位を占めた3頭は前走で7～11着に敗れていたが、勝ち馬は2勝を挙げているマイルに距離を短縮して巻き返し、2～3着馬も休養を挟んで実績あるマイルで変わり身を見せているように、現級では開催唯一のマイル戦を狙い澄まして臨むマイル巧者にも近走を度外視して警戒したい。

11R　カノープスS
3歳以上オープン
ダート2000m　ハンデ

実績上位馬より軽量の上がり馬を重視

新設された昨年は、例年4回阪神

で行われるハンデ戦のGⅢシリウスS同様に、重い斤量を背負わされる実績上位組の苦戦が予想されたが、案の定、オープン3勝馬でハンデ頭57キロの5歳馬は7着に敗れ、代わって54キロの7歳馬を筆頭に53～55キロの軽量組が上位を占めて波乱の決着になっている。

　当時は軽量の3歳馬が前半1000m通過61秒3の速いペースで牽引したことで差し馬勢に有利な展開になったこともあるが、掲示板を確保した5頭のうち先行勢で粘ったのはGⅢ4着の実績がある4歳馬だけ。勝ち馬はこれがオープン3戦目でダート初参戦の7歳馬で、2～3着馬もオープン挑戦が5、2戦目という晩成の上がり馬だった。とりわけハンデ戦では軽量を味方に上昇勢力が実績上位組を凌駕する傾向が強く、軽ハンデの後押しある遅咲きの上がり馬には引き続き注意を払いたい。

12R　京阪杯（GⅢ）
3歳以上オープン
芝1200m

過去3年の競走成績詳報は48ページを参照してください

過去3年で馬券に絡んだ9頭のうち5頭は、上位3番人気以内に推されていたが、残る4頭は7～12番人気の低評価でかなり波乱含みの傾向にある。

　注目したいのは重賞初挑戦の上がり馬、あるいは近走が苦戦続きの重賞好戦組。前者のパターンは昨年12番人気で3着した6歳馬のタイプで、前走で3勝クラスを勝ち上がっての重賞初挑戦ながら、1ハロンの距離短縮を味方に結果に結び付けている。また後者のパターンは18年に2、3着した7歳牡馬と5歳牝馬、さらに19年に3着した5歳牝馬のタイプで、うち2頭は重賞勝ちがあり、残る1頭もGⅢ3着がある実力馬なのに評価が低すぎた。なかでも距離実績が薄いことで評価を下げているタイプには注意を払いたい。

　同様に3歳馬も過去3年で5頭と参戦数は少ないが、18年は対古馬3戦目の牡馬が重賞初制覇を成し遂げ、19年も5戦4勝と底をみせていない牝馬が重賞初挑戦で連対を果たしているように軽量が大きな武器となっている。

2018 年～ 2020 年重賞競走成績

11R　京王杯2歳S（GⅡ）

2歳オープン　芝1400m

1～3着馬前走

	1着	2着	3着
18 年	小倉２歳Ｓ１着	ダリア賞１着	函館２歳Ｓ３着
19 年	函館２歳Ｓ２着	函館２歳Ｓ１着	未勝利１着
20 年	小倉２歳Ｓ２着	新潟２歳Ｓ７着	未勝利１着

2018年11月3日(土) 5回東京1日

11R 第54回 京王杯2歳ステークス 芝1400m (左) 8頭 晴 良

着順	枠番	馬番	馬名	性齢	斤量	騎手名	タイム	通過順位	人気
1	1	1	ファンタジスト	牡2	55.0	武豊	1.24.7	③③	2
2	5	5	アウィルアウェイ	牡2	54.0	Mデム	1.24.7	⑤⑦	1
3	6	6	カルリーノ	牡2	55.0	三浦	1.25.0	③③	6
4	3	3	ココフィーユ	牡2	54.0	戸崎	1.25.0	②②	5
5	7	7	アスターペガサス	牡2	55.0	福永	1.25.1	⑤⑤	3

単勝1　370円　複勝1　120円　5　110円　6　220円

馬連1-5　270円　馬単1-5　710円

ワイド1-5　170円　1-6　610円　5-6　420円

3連複1-5-6　1170円　3連単1-5-6　4400円

2019年11月2日(土) 5回東京1日

11R 第55回 京王杯2歳ステークス　左1400m (左) 10頭 晴 良

着順	枠番	馬番	馬名	性齢	斤量	騎手名	タイム	通過順位	人気
1	4	4	タイセイビジョン	牡2	55.0	ルメー	1.20.8	⑥⑥	1
2	7	8	ビアンフェ	牝2	55.0	藤岡佑	1.21.1	①①	3
3	5	5	ヴァルナ	牡2	55.0	Cスミ	1.21.4	④③	4
4	8	10	グランチェイサー	牝2	55.0	田辺	1.21.5	②③	6
5	3	3	グレイトホーン	牡2	55.0	藤田菜	1.21.8	⑥⑥	5

単勝4　210円　複勝4　110円　8　170円　5　170円

枠連4-7　540円　馬連4-8　560円　馬単4-8　860円

ワイド4-8　260円　4-5　280円　5-8　500円

3連複4-5-8　990円　3連単4-8-5　3660円

2020年11月7日(土) 5回東京1日

11R 第56回 京王杯2歳ステークス 芝1400m (左)　18頭 曇 良

着順	枠番	馬番	馬名	性齢	斤量	騎手名	タイム	通過順位	人気
1	3	6	モントライゼ	牡2	55.0	ルメー	1:21.8	②②	2
2	8	17	ロードマックス	牡2	55.0	岩田望	1:21.8	⑩⑪	9
3	8	16	ユングヴィ	牡2	55.0	柴田善	1:21.9	⑦⑧	5
4	7	14	ストライプ	牝2	54.0	斎藤	1:21.9	⑦⑧	7
5	6	11	リフレイム	牝2	54.0	木幡巧	1:22.0	⑩⑪	1

単勝6　300円　複勝6　150円　17　1180円　16　350円

枠連3-8　610円　馬連6-17　6140円　馬単6-17　8480円

ワイド6-17　2270円　6-16　830円　16-17　8030円

3連複6-16-17　26110円　3連単6-17-16　115050円

2018年～2020年重賞競走成績

11R　ファンタジーS（GⅢ）（20年は阪神で施行）

２歳牝馬オープン　芝1400m

1～3着馬前走

	１着	２着	３着
18年	未勝利１着	新馬１着	ききょうS３着
19年	新馬１着	サフラン賞２着	新潟２歳S４着
20年	小倉２歳S１着	新馬１着	クローバー賞２着

2018年11月3日(土) 5回京都1日

11R 第23回 ファンタジーステークス 芝 1400m（右外）9頭 晴 良

着順	枠番	馬番	馬名	性齢	斤量	騎手名	タイム	通過順位	人気
1	4	4	ダノンファンタジー	牝2	54.0	川田	1.21.8	⑥⑥	1
2	1	1	ベルスール	牝2	54.0	田辺	1.22.1	④④	4
3	3	3	ジュランビル	牝2	54.0	和田竜	1.22.1	②①	6
4	5	5	ラブミーファイン	牝2	54.0	池添	1.22.2	④②	5
5	8	9	レッドベレーザ	牝2	54.0	Cデム	1.22.2	⑨⑧	3

単勝4　150円　複勝4　110円　1　180円　3　260円

枠連1-4　600円　馬連1-4　700円　馬単4-1　930円

ワイド1-4　270円　3-4　400円　1-3　1310円

3連複1-3-4　2370円　3連単4-1-3　5890円

2019年11月2日(土) 5回京都1日

11R 第24回 ファンタジーステークス 芝 1400m（右外）15頭 晴 良

着順	枠番	馬番	馬名	性齢	斤量	騎手名	タイム	通過順位	人気
1	4	6	レシステンシア	牝2	54.0	北村友	1.20.7	②②	6
2	7	12	マジックキャッスル	牝2	54.0	戸崎	1.20.9	⑪⑨	1
3	8	14	クリアサウンド	牝2	54.0	松山	1.20.9	⑥⑧	2
4	3	5	ヤマカツマーメイド	牝2	54.0	池添	1.21.2	⑤⑤	3
5	6	11	ヒルノマリブ	牝2	54.0	勝浦	1.21.3	⑫⑫	7

単勝6　1360円　複勝6　310円　12　170円　14　190円

枠連4-7 1140円　馬連6-12 3090円　馬単6-12 8110円

ワイド6-12　1260円　6-14　1170円　12-14　540円

3連複6-12-14　5700円　3連単6-12-14　43510円

2020年11月7日(土) 5回阪神1日

11R 第25回 ファンタジーステークス 芝1400m（右内）12頭 曇 良

着順	枠番	馬番	馬名	性齢	斤量	騎手名	タイム	通過順位	人気
1	7	10	メイケイエール	牝2	54.0	武豊	1:20.1	④④	1
2	5	6	オパールムーン	牝2	54.0	横山典	1:20.2	⑫⑫	7
3	7	9	ラヴケリー	牝2	54.0	川田	1:20.4	②②	5
4	8	12	オプティミスモ	牝2	54.0	藤井勘	1:20.4	⑪⑨	11
5	3	3	ヨカヨカ	牝2	54.0	福永	1:20.5	⑤⑤	2

単勝10　250円　複勝10　140円　6　430円　9　210円

枠連5-7　570円　馬連6-10　3310円　馬単10-6　4710円

ワイド6-10　1000円　9-10　390円　6-9　1670円

3連複6-9-10　5400円　3連単10-6-9　25620円

2018 年～ 2020 年重賞競走成績

11R　アルゼンチン共和国杯（GⅡ）

3歳以上オープン　芝2500m　ハンデ

1～3着馬前走

	1着	2着	3着
18 年	宝塚記念 9 着	六社Ｓ１着	六社Ｓ３着
19 年	目黒記念 5 着	丹頂Ｓ３着	六社Ｓ１着
20 年	青葉賞１着	ケフェウスＳ８着	オールカマー６着

2018年11月4日(日) 5回東京2日

11R 第56回 アルゼンチン共和国杯 芝 2500m (左) 12頭 曇 良

着順	枠番	馬番	馬名	性齢	斤量	騎手名	タイム	通過順位	人気
1	5	6	パフォーマプロミス	牡6	56.0	Cオド	2.33.7	⑥⑥⑥⑤	3
2	6	7	ムイトオブリガード	牡4	55.0	四位	2.33.8	⑧⑦⑧⑦	1
3	5	5	マコトガラハッド	騸5	51.0	石川裕	2.33.9	④④④④	11
4	7	10	ウインテンダネス	牡5	56.0	松岡	2.34.0	①①①①	4
5	1	1	エンジニア	牡5	54.0	北村宏	2.34.2	④④④⑤	8

単勝6　480円　複勝6　180円　7　160円　5　760円

枠連5-6　440円　馬連6-7　910円　馬単6-7　1910円

ワイド6-7　420円　5-6　3100円　5-7　2390円

3連複5-6-7　13560円　3連単6-7-5　49460円

2019年11月3日(日) 5回東京2日

11R 第57回 アルゼンチン共和国杯 芝 2500m (左)13頭 曇 良

着順	枠番	馬番	馬名	性齢	斤量	騎手名	タイム	通過順位	人気
1	5	7	ムイトオブリガード	牡5	56.0	横山典	2.31.5	③③③③	2
2	2	2	タイセイトレイル	牡4	55.0	戸崎	2.31.7	⑩⑨⑩⑩	5
3	1	1	アフリカンゴールド	騸4	55.0	ルメール	2.31.7	⑧⑧⑦⑦	1
4	4	5	ルックトゥワイス	牡6	57.0	福永	2.31.8	⑫⑫⑫⑩	3
5	7	10	トラストケンシン	牡4	53.0	三浦	2.31.8	⑩⑪⑩⑩	9

単勝7　480円　複勝7　150円　2　260円　1　150円

枠連2-5　3640円　馬連2-7　3120円　馬単7-2　5590円

ワイド2-7　800円　1-7　380円　1-2　570円

3連複1-2-7　3070円　3連単7-2-1　23070円

2020年11月8日(日) 5回東京2日

11R 第58回 アルゼンチン共和国杯 芝2500m (左) 18頭 曇 良

着順	枠番	馬番	馬名	性齢	斤量	騎手名	タイム	通過順位	人気
1	8	18	オーソリティ	牡3	54.0	ルメール	2:31.6	③③③③	3
2	1	2	ラストドラフト	牡4	56.0	戸崎	2:31.8	⑦⑧⑦⑨	6
3	5	10	サンアップルトン	牡4	55.0	柴田善	2:31.9	⑫⑫⑫⑫	8
4	3	5	ユーキャンスマイル	牡5	58.0	岩田康	2:32.0	⑪⑪⑨④	1
5	7	13	タイセイトレイル	牡5	55.0	坂井瑠	2:32.0	⑥⑥⑥④	13

単勝18　530円　複勝18　270円　2　460円　10　540円

枠連1-8　2040円　馬連2-18　6680円　馬単18-2　9590円

ワイド2-18　2630円　10-18　2620円　2-10　5440円

3連複2-10-18　48220円　3連単18-2-10　202520円

●おとなの馬券学No.173は11月19日(金)発売です。

2018年～2020年重賞競走成績

11R　みやこS（GⅢ）(18年はJBCクラシックのため施行されず、20年は阪神で施行)

3歳以上オープン　ダート1800m

1～3着馬前走

	1着	2着	3着
18年（JBCクラシック）	日本テレビ盃1着	シリウスS1着	シリウスS3着
19年	太秦S2着	シリウスS5着	アンタレスS4着
20年	太秦S4着	白山大賞典4着	シリウスS3着

2018年11月4日(日) 5回京都2日

11R 第18回 JBCクラシック ダート 1900m (右)16頭 晴 良

着順	枠番	馬番	馬名	性齢	斤量	騎手名	タイム	通過順位	人気
1	4	8	ケイティブレイブ	牡5	57.0	福永	1.56.7	⑦⑧⑥④	3
2	7	14	オメガパフューム	牡3	55.0	和田竜	1.56.8	⑨⑨⑩⑧	2
3	2	4	サンライズソア	牡4	57.0	ルメー	1.57.0	①①②①	1
4	5	9	ノンコノユメ	騸6	57.0	内田博	1.57.1	⑯⑯⑯⑮	5
5	4	7	サウンドトゥルー	騸8	57.0	大野	1.57.2	⑮⑭⑫⑪	7

単勝8　420円　複勝8　150円　14　140円　4　130円

枠連4-7　650円　馬連8-14　760円　馬単8-14　1690円

ワイド8-14　340円　4-8　310円　4-14　280円

3連複4-8-14　910円　3連単8-14-4　4890円

2019年11月3日(日) 5回京都2日

11R 第9回 みやこステークス ダート 1800m(右) 16頭 曇 良

着順	枠番	馬番	馬名	性齢	斤量	騎手名	タイム	通過順位	人気
1	1	1	ヴェンジェンス	牡6	56.0	幸	1.49.1	⑬⑬⑪⑬	7
2	2	3	キングズガード	牡8	56.0	秋山真	1.49.2	⑭⑭⑭⑪	10
3	7	14	ウェスタールンド	騸7	56.0	Cスミ	1.49.2	⑪⑪⑦③	6
4	2	4	アングライフェン	牡7	56.0	北村友	1.50.1	⑧⑧⑦⑥	8
5	4	8	ワイドファラオ	牡3	56.0	Mデム	1.50.3	④④③⑥	3

単勝1番　1870円　複勝1　460円　3　610円　14　370円

枠連1-2　2190円　馬連1-3　19880円　馬単1-3　38350円

ワイド1-3　3770円　1-14　2700円　3-14　4070円

3連複1-3-14　62920円　3連単1-3-14　473050円

2020年11月8日(日) 5回阪神2日

11R 第10回 みやこステークス　ダート1800m (右) 10頭　晴　良

着順	枠番	馬番	馬名	性齢	斤量	騎手名	タイム	通過順位	人気
1	6	6	クリンチャー	牡6	57.0	川田	1:49.9	③④②②	1
2	7	7	ヒストリーメイカー	牡6	56.0	北村友	1:50.4	⑤⑥⑥④	4
3	7	8	エイコーン	牡5	56.0	高倉	1:51.1	⑩⑩⑨⑧	9
4	8	10	エアアルマス	牡5	58.0	松山	1:51.2	②②②①	3
5	2	2	マグナレガーロ	牡5	56.0	浜中	1:51.4	⑤⑤④④	7

単勝6　340円　複勝6　130円　7　220円　8　730円

枠連6−7　1070円　馬連6−7　1110円　馬単6−7　2000円

ワイド6-7　420円　6-8　1860円　7-8　3840円

3連複6-7-8　12180円　3連単6-7-8　41220円

2018年～2020年重賞競走成績

11R　武蔵野S（GⅢ）

3歳以上オープン　ダート1600m

1～3着馬前走

	1着	2着	3着
18年	グリーンCC 1着	シリウスS 9着	グリーンCC 2着
19年	グリーンCC 3着	シリウスS 6着	エニフS 4着
20年	マイルCS南部杯 4着	福島民友C 3着	エルムS 7着

2018年11月10日(土) 5回東京3日

11R 第23回 武蔵野ステークス ダート 1600m（左）16頭 晴 稍重

着順	枠番	馬番	馬名	性齢	斤量	騎手名	タイム	通過順位	人気
1	2	4	サンライズノヴァ	牡4	56.0	戸崎	1.34.7	⑭⑫	1
2	2	3	クインズサターン	牡5	56.0	四位	1.34.9	⑬⑭	7
3	5	10	ナムラミラクル	牡5	56.0	ルメー	1.34.9	②②	2
4	4	7	ユラノト	牡4	56.0	福永	1.35.2	⑤⑤	5
5	4	8	ルグランフリソン	牡5	56.0	武藤	1.35.3	①①	14

単勝4　290円　複勝4　130円　3　470円　10　150円

枠連2-2　3860円　馬連3-4　3930円　馬単4-3　5360円

ワイド3-4　1030円　4-10　280円　3-10　1620円

3連複3-4-10　3960円　3連単4-3-10　22880円

2019年11月9日(土) 5回東京3日

11R 第24回 武蔵野ステークス ダート 1600m（左）16頭 晴 良

着順	枠番	馬番	馬名	性齢	斤量	騎手名	タイム	通過順位	人気
1	4	7	ワンダーリーデル	牡6	56.0	横山典	1.34.6	⑪⑨	9
2	5	9	タイムフライヤー	牡4	56.0	藤岡佑	1.34.8	⑩⑧	8
3	8	15	ダノンフェイス	牡6	56.0	大野	1.34.9	⑭⑫	13
4	1	2	ダンツゴウユウ	牡5	56.0	北村宏	1.35.1	⑦⑥	16
5	6	11	サンライズノヴァ	牡5	59.0	森　泰	1.35.2	②②	3

単勝7　2520円　複勝7　690円　9　580円　15　2110円

枠連4-5　3890円　馬連7-9　21070円　馬単7-9　45590円

ワイド7-9　5600円　7-15　16360円　9-15　24840円

3連複7-9-15　422390円　3連単7-9-15　2353630円

2020年11月14日(土) 5回東京3日

11R 第25回 武蔵野ステークス ダート 1600m（左）16頭 晴 良

着順	枠番	馬番	馬名	性齢	斤量	騎手名	タイム	通過順位	人気
1	3	6	サンライズノヴァ	牡6	58.0	松若	1:35.0	⑬⑫	3
2	6	12	ソリストサンダー	牡5	56.0	北村宏	1:35.1	⑩⑩	11
3	4	7	エアスピネル	牡7	56.0	三浦	1:35.3	⑦⑥	8
4	4	8	ワンダーリーデル	牡7	57.0	横山典	1:35.4	⑯⑮	5
5	6	11	タイムフライヤー	牡5	57.0	ルメー	1:35.4	⑦⑧	1

単勝6　510円　複勝6　190円　12　770円　7　470円

枠連3-6　850円　馬連6-12　10790円　馬単6-12　17080円

ワイド6-12　2220円　6-7　1190円　7-12　6930円

3連複6-7-12　37010円　3連単6-12-7　203670円

2018 年～ 2020 年重賞競走成績

11R　デイリー杯2歳S（GⅡ）(20年は阪神で施行)

2歳オープン　芝1600m

1～3着馬前走

	1着	2着	3着
18年	中京S1着	未勝利1着	すずらん賞1着
19年	新馬1着	未勝利1着	新潟2歳S2着
20年	未勝戦	野路菊S1着	未勝利1着

2018年11月10日(土) 5回京都3日

11R 第53回 デイリー杯2歳ステークス 芝 1600m（右外）9頭 晴 良

着順	枠番	馬番	馬名	性齢	斤量	騎手名	タイム	通過順位	人気
1	3	3	アドマイヤマーズ	牡2	55.0	Mデム	1.35.4	①②	1
2	7	7	メイショウショウブ	牝2	54.0	池添	1.35.5	②①	6
3	8	9	ハッピーアワー	牡2	55.0	秋山真	1.35.9	⑨⑧	5
4	8	8	ダノンジャスティス	牡2	55.0	川田	1.36.2	③③	2
5	4	4	ドナウデルタ	牝2	54.0	Jモレ	1.36.2	⑥⑧	3

単勝3　180円　複勝3　110円　7　290円　9　230円

枠連3-7　2360円　馬連3-7　2080円　馬単3-7　2920円

ワイド3-7　730円　3-9　410円　7-9　1870円

3連複3-7-9　3960円　3連単3-7-9　15040円

2019年11月9日(土) 5回京都3日

11R 第54回 デイリー杯2歳ステークス 芝 1600m（右外）11頭 晴 良

着順	枠番	馬番	馬名	性齢	斤量	騎手名	タイム	通過順位	人気
1	1	1	レッドベルジュール	牡2	55.0	武豊	1.34.5	⑩⑨	3
2	8	10	ウイングレイテスト	牡2	55.0	松岡	1.34.7	⑨⑨	7
3	3	3	ペールエール	牡2	55.0	Mデム	1.34.8	②②	1
4	6	7	トリプルエース	牡2	55.0	和田竜	1.34.9	⑦⑧	5
5	7	8	ライティア	牝2	54.0	北村友	1.35.0	⑤④	4

単勝1　770円　複勝1　220円　10　460円　3　130円

枠連1-8　6270円　馬連1-10　10840円　馬単1-10　18060円

ワイド1-10　2980円　1-3　440円　3-10　1320円

3連複1-3-10　9560円　3連単1-10-3　94030円

2020年11月14日(土) 5回阪神3日

11R 第55回 デイリー杯2歳ステークス　芝1600m（右 外）8頭　晴　良

着順	枠番	馬番	馬名	性齢	斤量	騎手名	タイム	通過順位	人気
1	2	2	レッドベルオーブ	牡2	55.0	福永	1:32.4	⑤⑤	1
2	1	1	ホウオウアマゾン	牡2	55.0	松山	1:32.4	②②	2
3	3	3	スーパーホープ	牡2	55.0	川田	1:32.6	⑥⑤	4
4	8	8	ビゾンテノブファロ	牡2	55.0	原	1:33.2	⑧⑧	8
5	6	6	カイザーノヴァ	牡2	55.0	坂井瑠	1:33.3	②②	3

単勝2　130円　複勝2　100円　1　110円　3　130円

枠連1-2　270円　馬単2-1　340円

ワイド1-2　140円　2-3　170円　1-3　330円

3連複1-2-3　430円　3連単2-1-3　890円

2018年～2020年重賞競走成績

11R　エリザベス女王杯（GⅠ）(20年は阪神で施行)

3歳以上牝馬オープン　芝2200ｍ

1～3着馬前走

	1着	2着	3着
18年	府中牝馬Ｓ２着	府中牝馬Ｓ５着	札幌記念３着
19年	府中牝馬Ｓ３着	府中牝馬Ｓ５着	オークス１着
20年	札幌記念３着	府中牝馬Ｓ１着	府中牝馬Ｓ５着

2018年11月11日(日) 5回京都4日
11R 第43回 エリザベス女王杯 芝 2200m (右外) 17頭 晴 良

着順	枠番	馬番	馬名	性齢	斤量	騎手名	タイム	通過順位	人気
1	6	12	リスグラシュー	牝4	56.0	Jモレ	2.13.1	⑧⑨⑩⑨	3
2	5	9	クロコスミア	牝5	56.0	岩田康	2.13.1	①①①①	9
3	4	7	モズカッチャン	牝4	56.0	Mデム	2.13.6	⑤⑥⑤⑤	1
4	3	5	レッドジェノヴァ	牝4	56.0	池添	2.13.6	⑧⑨⑦⑦	4
5	7	13	ノームコア	牝3	54.0	ルメー	2.13.7	⑤③③③	2

単勝12　470円　複勝12　170円　9　570円　7　150円
枠連5-6　7480円　馬連9-12　9800円　馬単12-9　12450円
ワイド9-12　2630円　7-12　360円　7-9　1590円
3連複7-9-12　8660円　3連単12-9-7　56370円

2019年11月10日(日) 5回京都4日
11R 第44回 エリザベス女王杯 芝 2200m (右外) 18頭 晴 良

着順	枠番	馬番	馬名	性齢	斤量	騎手名	タイム	通過順位	人気
1	1	2	ラッキーライラック	牝4	56.0	Cスミ	2.14.1	⑦⑧⑧⑧	3
2	3	6	クロコスミア	牝6	56.0	藤岡佑	2.14.3	①①①①	7
3	6	11	ラヴズオンリーユー	牝3	54.0	Mデム	2.14.3	②②②②	1
4	6	12	センテリュオ	牝4	56.0	ルメー	2.14.4	⑦③③③	5
5	4	8	クロノジェネシス	牝3	54.0	北村友	2.14.4	⑤⑥⑥⑤	2

単勝2　540円　複勝2　190円　6　330円　11　140円
枠連1-3　2600円　馬連2-6　3380円　馬単2-6　5440円
ワイド2-6　970円　2-11　430円　6-11　940円
3連複2-6-11　4060円　3連単2-6-11　26480円

2020年11月15日(日) 5回阪神4日
11R 第45回 エリザベス女王杯 芝2200m (右内) 18頭 晴 良

着順	枠番	馬番	馬名	性齢	斤量	騎手名	タイム	通過順位	人気
1	8	18	ラッキーライラック	牝5	56.0	ルメー	2:10.3	⑫⑫⑪③	1
2	7	13	サラキア	牝5	56.0	北村友	2:10.4	⑭⑭⑮②	5
3	6	11	ラヴズオンリーユー	牝4	56.0	Mデム	2:10.4	⑪⑪⑬⑧	3
4	6	12	ウインマリリン	牝3	54.0	横山武	2:10.7	③③③⑥	9
5	4	8	センテリュオ	牝5	56.0	戸崎	2:10.8	⑯⑯⑯⑭	4

単勝18　330円　複勝18　150円　13　280円　11　200円
枠連7-8　1260　馬連13-18　2290円　馬単18-13　3610円
ワイド13-18　930円　11-18　490円　11-13　1460円
3連複11-13-18　4260円　3連単18-13-11　21050円

●おとなの馬券学No.173は11月19日(金)発売です。

2018 年～ 2020 年重賞競走成績

11R　福島記念(GⅢ)

3歳以上オープン　芝2000m　ハンデ

1～3着馬前走

	1 着	2 着	3 着
18 年	オクトーバーＳ４着	札幌記念９着	オールカマー４着
19 年	オールカマー５着	エルムＳ９着	オールカマー２着
20 年	京都大賞典９着	カシオペアＳ３着	オクトーバーＳ１着

2018年11月11日(日) 3回福島4日

11R 第54回 福島記念 芝 2000m (右)16頭 晴 良

着順	枠番	馬番	馬名	性齢	斤量	騎手名	タイム	通過順位	人気
1	1	2	スティッフェリオ	牡4	55.0	丸山	1.58.3	③③③③	2
2	3	6	マイスタイル	牡4	55.0	田中勝	1.58.5	②②②②	3
3	1	1	エアアンセム	牡7	57.0	田辺	1.58.5	⑤④⑤④	1
4	4	7	ナイトオブナイツ	牡5	56.0	松山	1.59.1	⑪⑪⑨⑧	7
5	5	10	ルミナスウォリアー	牡7	56.0	柴山	1.59.1	⑫⑫⑫⑫	13

単勝2　450円　複勝2　150円　6　170円　1　140円

枠連1-3　430円　馬連2-6　1130円　馬単2-6　2250円

ワイド2-6　460円　1-2　310円　1-6　430円

3連複1-2-6　1430円　3連単2-6-1　7540円

2019年11月10日(日) 3回福島4日

11R 第55回 福島記念 芝 2000m (右)16頭 晴 良

着順	枠番	馬番	馬名	性齢	斤量	騎手名	タイム	通過順位	人気
1	5	10	クレッシェンドラヴ	牡5	55.0	内田博	1.59.5	⑨⑨⑥③	1
2	5	9	ステイフーリッシュ	牡4	57.5	中谷	1.59.7	⑧⑧⑥③	6
3	6	12	ミッキースワロー	牡5	58.5	菊沢	1.59.7	⑬⑬⑪⑧	2
4	8	15	ウインイクシード	牡5	54.0	松岡	1.59.9	④③③②	12
5	3	5	レッドローゼス	牡5	56.0	田辺	2.00.0	⑯⑯⑯⑮	3

単勝10　390円　複勝10　150円　9　290円　12　170円

枠連5-5　2210円　馬連9-10　2070円　馬単10-9　3380円

ワイド9-10　710円　10-12　380円　9-12　830円

3連複9-10-12　2740円　3連単10-9-12　13360円

2020年11月15日(日)　3回福島6日

11R 第56回福島記念　芝2000m (右) 16頭　晴　良

着順	枠番	馬番	馬名	性齢	斤量	騎手名	タイム	通過順位	人気
1	2	3	バイオスパーク	牡5	55.0	池添	1:59.6	⑦⑦⑦⑦	2
2	5	9	ヴァンケドミンゴ	牡4	55.0	酒井学	1:59.6	⑦⑦⑦⑦	1
3	4	7	テリトーリアル	牡6	56.5	石川裕	1:59.8	②②②②	5
4	7	13	デンコウアンジュ	牝7	56.0	柴田善	1:59.9	⑪⑪⑪⑩	12
5	6	11	ウインイクシード	牡6	56.0	松岡	2:00.0	⑤⑤⑤⑥	7

単勝3　640円　複勝3　200円　9　150円　7　270円

枠連2-5　740円　馬連3-9　1130円　馬単3-9　2430円

ワイド3-9　490円　3-7　1360円　7-9　680円

3連複3-7-9　4050円　3連単3-9-7　19170円

2018 年～ 2020 年重賞競走成績

11R　東京スポーツ杯2歳S (GⅡ)

2歳オープン　芝1800m

1～3着馬前走

	1着	2着	3着
18 年	札幌２歳Ｓ１着	コスモス賞２着	新馬１着
19 年	新馬１着	新馬１着	中京２歳Ｓ１着
20 年	新馬１着	新馬１着	萩Ｓ２着

2018年11月17日(土) 5回東京5日

11R 第23回 東京スポーツ杯2歳ステークス 芝 1800m（左）16頭 晴 良

着順	枠番	馬番	馬名	性齢	斤量	騎手名	タイム	通過順位	人気
1	1	2	ニシノデイジー	牡2	55.0	勝浦	1.46.6	⑧⑨⑨	8
2	2	4	アガラス	牡2	55.0	Wビュ	1.46.6	⑫⑬⑬	7
3	3	5	ヴァンドギャルド	牡2	55.0	Cデム	1.46.6	⑧⑩⑨	4
4	4	7	ヴェロックス	牡2	55.0	ルメー	1.46.6	⑦⑥⑦	2
5	5	9	ダノンラスター	牡2	55.0	Jモレ	1.46.9	⑭⑭⑭	6

単勝2　3840円　複勝2　760円　4　670円　5　280円

枠連1-2　4510円　馬連2-4　24750円　馬単2-4　57730円

ワイド2-4　5210円　2-5　2850円　4-5　2970円

3連複2-4-5　58480円　3連単2-4-5　593030円

2019年11月16日(土) 5回東京5日

11R 第24回 東京スポーツ杯2歳ステークス 芝 1800m（左)8頭 晴 良

着順	枠番	馬番	馬名	性齢	斤量	騎手名	タイム	通過順位	人気
1	6	6	コントレイル	牡2	55.0	Rムー	1.44.5	⑤⑤⑤	1
2	5	5	アルジャンナ	牡2	55.0	川田	1.45.3	⑥⑦⑦	2
3	1	1	ラインベック	牡2	55.0	Wビュ	1.46.0	②③②	3
4	3	3	オーロラフラッシュ	牝2	54.0	ルメー	1.46.2	⑧⑧⑧	4
5	2	2	リグージェ	牡2	55.0	Oマー	1.46.6	⑥⑤⑤	5

単勝6　250円　複勝6番 110円　5番 110円　1番 130円

馬連5-6　360円　馬単6-5　640円

ワイド5-6　150円　1-6　180円　1-5　230円

3連複1-5-6　330円　3連単6-5-1　1330円

2020年11月23日(月) 5回東京7日

11R 第25回 東スポーツ杯2歳ステークス 芝1800m（左）10頭 曇 良

着順	枠番	馬番	馬名	性齢	斤量	騎手名	タイム	通過順位	人気
1	3	3	ダノンザキッド	牡2	55.0	川田	1.47.5	③③③	1
2	2	2	タイトルホルダー	牡2	55.0	戸崎	1.47.7	①②②	5
3	8	10	ジュンブルースカイ	牡2	55.0	武豊	1.47.8	⑥⑦⑥	3
4	6	6	プラチナトレジャー	牡2	55.0	田辺	1.47.9	⑦⑨⑧	6
5	7	7	ヴェローチェオロ	牡2	55.0	横山典	1.48.1	⑨④⑥	7

単勝3　170円　複勝3　110円　2　230円　10　200円

枠連2-3　1370円　馬連2-3　1330円　馬単3-2　1580円

ワイド2-3　490円　3-10　320円　2-10　1070円

3連複2-3-10　2170円　3連単3-2-10　7080円

2018 年～ 2020 年重賞競走成績

11R　マイルCS（GⅠ）(20年は阪神で施行)

3歳以上オープン　芝1600m

1～3着馬前走

	1着	2着	3着
18 年	毎日王冠２着	富士Ｓ５着	天皇賞・秋４着
19 年	毎日王冠３着	天皇賞・秋２着	毎日王冠４着
20 年	スプリンターズＳ１着	安田記念３着	スワンＳ３着

2018年11月18日(日) 5回京都6日

11R 第35回 マイルチャンピオンシップ 芝 1600m（右外）18頭 晴 良

着順	枠番	馬番	馬名	性齢	斤量	騎手名	タイム	通過順位	人気
1	1	1	ステルヴィオ	牡3	56.0	Wビュ	1.33.3	④⑤	5
2	1	2	ペルシアンナイト	牡4	57.0	Mデム	1.33.3	⑦⑦	3
3	2	3	アルアイン	牡4	57.0	川田	1.33.5	②②	4
4	8	16	カツジ	牡3	56.0	松山	1.33.5	⑮⑮	16
5	5	10	ミッキーグローリー	牡5	57.0	戸崎	1.33.5	⑮⑮	8

単勝1　870円　複勝1　310円　2　230円　3　240円

枠連1-1　3200円　馬連1-2　3220円　馬単1-2　6350円

ワイド1-2　1140円　1-3　1130円　2-3　670円

3連複1-2-3　5480円　3連単1-2-3　29790円

2019年11月17日(日) 5回京都6日

11R 第36回 マイルチャンピオンシップ 芝 1600m（右外）17頭 晴 良

着順	枠番	馬番	馬名	性齢	斤量	騎手名	タイム	通過順位	人気
1	3	5	インディチャンプ	牡4	57.0	池添	1.33.0	④⑤	3
2	7	14	ダノンプレミアム	牡4	57.0	川田	1.33.2	④③	1
3	4	7	ペルシアンナイト	牡5	57.0	Oマー	1.33.3	⑩⑫	6
4	2	3	マイスタイル	牡5	57.0	田中勝	1.33.4	①①	10
5	1	1	ダノンキングリー	牡3	56.0	横山典	1.33.4	⑥⑦	2

単勝5　640円　複勝5　190円　14　130円　7　290円

枠連3-7　860円　馬連5-14　840円　馬単5-14　2040円

ワイド5-14　370円　5-7　1090円　7-14　570円

3連複5-7-14　3200円　3連単5-14-7　16580円

2020年11月22日(日) 5回阪神6日

11R 第37回マイルチャンピオンシップ 芝1600m（右 外）17頭 曇 良

着順	枠番	馬番	馬名	性齢	斤量	騎手名	タイム	通過順位	人気
1	2	4	グランアレグリア	牝4	55.0	ルメー	1:32.0	⑤⑤	1
2	4	8	インディチャンプ	牡5	57.0	福永	1:32.1	⑦⑤	3
3	4	7	アドマイヤマーズ	牡4	57.0	川田	1:32.2	③②	5
4	6	11	スカーレットカラー	牝5	55.0	岩田康	1:32.4	⑧⑧	13
5	8	17	サリオス	牡3	56.0	Mデム	1:32.4	⑬⑬	2

単勝4　160円　複勝4　110円　8　190円　7　200円

枠連2-4　370円　馬連4-8　620円　馬単4-8　790円

ワイド4-8　280円　4-7　320円　7-8　790円

3連複4-7-8　1610円　3連単4-8-7　4480円

2018年～2020年重賞競走成績

11R　京都2歳S（GⅢ）（20年は阪神で施行）

2歳オープン　芝2000m

1～3着馬前走

	1着	2着	3着
18年	札幌2歳S3着	新馬1着	新馬1着
19年	野路菊S1着	未勝利1着	紫菊賞1着
20年	萩S3着	アイビーS2着	紫菊賞3着

2018年11月24日(土) 5回京都7日

11R 第5回 京都2歳ステークス 芝 2000m (右内) 9頭 晴 良

着順	枠番	馬番	馬名	性齢	斤量	騎手名	タイム	通過順位	人気
1	1	1	クラージュゲリエ	牡2	55.0	Jモレ	2.01.5	⑥⑦⑦⑤	1
2	6	6	ブレイキングドーン	牡2	55.0	福永	2.01.6	⑤⑤⑤⑤	4
3	2	2	ワールドプレミア	牡2	55.0	武豊	2.02.2	⑥⑥⑦⑧	2
4	8	8	ミッキーブラック	牡2	55.0	Cデム	2.02.4	③④③②	3
5	8	9	ショウリュウイクゾ	牡2	55.0	浜中	2.02.5	⑧⑧⑨⑧	5

単勝1　280円　複勝1　120円　6　140円　2　130円

枠連1-6　810円　馬連1-6　730円　馬単1-6　1300円

ワイド1-6　270円　1-2　220円　2-6　350円

3連複1-2-6　720円　3連単1-6-2　3840円

2019年11月23日(土) 5回京都7日

11R 第6回 京都2歳ステークス 芝 2000m (右内) 9頭 晴 良

着順	枠番	馬番	馬名	性齢	斤量	騎手名	タイム	通過順位	人気
1	8	8	マイラプソディ	牡2	55.0	武豊	2.01.5	⑦⑦⑤③	1
2	6	6	ミヤマザクラ	牝2	54.0	Oマー	2.01.8	③④③②	2
3	4	4	ロールオブサンダー	牡2	55.0	松山	2.02.3	①①①①	3
4	1	1	トウカイデュエル	牡2	55.0	秋山真	2.02.7	⑦⑦⑦⑥	6
5	3	3	ジャストナウ	牡2	55.0	菱田	2.03.4	⑨⑨⑦⑥	8

単勝8　150円　複勝8　100円　6　100円　4　130円

枠連6-8　150円　馬連6-8　170円　馬単8-6　240円

ワイド6-8　120円　4-8　180円　4-6　250円

3連複4-6-8　310円　3連単8-6-4　640円

2020年11月28日(土) 5回阪神8日

11R 第7回 京都2歳ステークス　芝2000m (右内)　10頭　晴　良

着順	枠番	馬番	馬名	性齢	斤量	騎手名	タイム	通過順位	人気
1	7	8	ワンダフルタウン	牡2	55.0	和田竜	02:01.6	⑦⑦⑦⑥	3
2	8	9	ラーゴム	牡2	55.0	武豊	02:01.7	⑤⑤⑤④	1
3	6	6	マカオンドール	牡2	55.0	岩田康	02:01.8	⑥⑥⑤⑥	7
4	5	5	グロリアムンディ	牡2	55.0	福永	02:02.0	⑧⑦⑨⑨	2
5	7	7	ダノンドリーマー	牡2	55.0	岩田望	02:02.0	⑧⑨⑦⑨	8

単勝8　440円　複勝8　140円　9　150円　6　330円

枠連7-8　610円　馬連8-9　710円　馬単8-9　1630円

ワイド8-9　300円　6-8　990円　6-9　1210円

3連複6-8-9　4420円　3連単8-9-6　18890円

●おとなの馬券学No.173は11月19日(金)発売です。

2018年～2020年重賞競走成績

11R　ジャパンC(GI)

3歳以上オープン　芝2400m

1～3着馬前走

	1着	2着	3着
18年	秋華賞1着	天皇賞・秋3着	天皇賞・秋10着
19年	天皇賞・秋7着	秋華賞2着	天皇賞・秋5着
20年	天皇賞・秋1着	菊花賞1着	秋華賞1着

2018年11月25日(日) 5回東京8日

11R 第38回 ジャパンカップ 芝2400m (左)14頭 晴 良

着順	枠番	馬番	馬名	性齢	斤量	騎手名	タイム	通過順位	人気
1	1	1	アーモンドアイ	牝3	53.0	ルメール	2.20.6	③②②②	1
2	5	8	キセキ	牡4	57.0	川田	2.20.9	①①①①	4
3	7	11	スワーヴリチャード	牡4	57.0	Mデム	2.21.5	⑤④④④	2
4	6	9	シュヴァルグラン	牡6	57.0	Cデム	2.21.5	⑦⑥⑥⑥	5
5	4	5	ミッキースワロー	牡4	57.0	横山典	2.21.9	⑬⑬⑬⑬	8

単勝1番　140円　複勝1　110円　8番　160円　11　150円

枠連1-5　600円　馬連1-8　590円　馬単1-8　700円

ワイド1-8　230円　1-11　240円　8-11　470円

3連複1-8-11　960円　3連単1-8-11　2690円

2019年11月24日(日) 5回東京8日

11R 第39回 ジャパンカップ 芝2400m (左)15頭 曇 重

着順	枠番	馬番	馬名	性齢	斤量	騎手名	タイム	通過順位	人気
1	3	5	スワーヴリチャード	牡5	57.0	Oマー	2.25.9	⑦⑦⑥⑤	3
2	1	1	カレンブーケドール	牝3	53.0	津村	2.26.0	④④③②	5
3	2	2	ワグネリアン	牡4	57.0	川田	2.26.2	⑥⑥⑥⑧	2
4	8	14	マカヒキ	牡6	57.0	武豊	2.26.5	⑮⑮⑮⑬	12
5	4	6	ユーキャンスマイル	牡5	57.0	岩田康	2.26.6	⑫⑫⑫⑫	4

単勝5　510円　複勝5　180円　1　280円　2　170円

枠連1-3 2050円　馬連1-5 2900円　馬単5-1 4810円

ワイド1-5　880円　　2-5　490円　1-2　700円

3連複1-2-5　2900円　3連単5-1-2　19850円

2020年11月29日(日)　5回東京9日

12R 第40回 ジャパンカップ　芝2400m (左) 15頭　曇　良

着順	枠番	馬番	馬名	性齢	斤量	騎手名	タイム	通過順位	人気
1	2	2	アーモンドアイ	牝5	55.0	ルメール	02:23.0	④⑤④④	1
2	4	6	コントレイル	牡3	55.0	福永	02:23.2	⑨⑨⑨⑨	2
3	3	5	デアリングタクト	牝3	53.0	松山	02:23.2	⑦⑦⑦⑦	3
4	1	1	カレンブーケドール	牝4	55.0	津村	02:23.2	⑦⑧⑦⑥	5
5	8	15	グローリーヴェイズ	牡5	57.0	川田	02:23.3	④④②②	4

単勝2　220円　複勝2　110円　6　110円　5　120円

枠連2-4　350円　馬連2-6　330円　馬単2-6　610円

ワイド2-6　170円　2-5　190円　5-6　220円

3連複2-5-6　300円　3連単2-6-5　1340円

2018 年～ 2020 年重賞競走成績

12R　京阪杯（GⅢ）(20年は阪神で施行)

3歳以上オープン　芝1200m

1～3着馬前走

	1着	2着	3着
18 年	キーンランドＣ２着	ルミエールＡＤ８着	セントウルＳ 11 着
19 年	キーンランドＣ４着	桂川Ｓ１着	オパールＳ３着
20 年	キーンランドＣ 10 着	長篠Ｓ１着	道頓堀Ｓ１着

2018年11月25日(日) 5回 京都 8日

12R 第63回京阪杯 芝1200m (右内) 18頭 晴 良

着順	枠番	馬番	馬名	性齢	斤量	騎手名	タイム	通過順位	人気
1	2	3	ダノンスマッシュ	牡3	55.0	北村友	1.08.0	④③	1
2	3	6	ナインテイルズ	牡7	56.0	岩田康	1.08.3	⑯⑮	12
3	4	8	ダイアナヘイロー	牝5	55.0	菱田	1.08.3	②②	11
4	8	17	アンヴァル	牝3	53.0	酒井学	1.08.3	⑥⑥	5
5	1	1	エスティタート	牝5	54.0	藤岡康	1.08.4	⑦⑥	8

単勝 3 340円 複勝3 180円 6 1080円 8 1230円

枠連2-3 3550円 馬連3-6 14990円 馬単3-6 23220円

ワイド3-6 3540円 3-8 3220円 6-8 14290円

3連複3-6-8 90040円 3連単3-6-8 541480円

2019年11月24日(日) 5回 京都 8日目

12R 第64回 京阪杯 芝1200m (右内) 18頭 曇 良

着順	枠番	馬番	馬名	性齢	斤量	騎手名	タイム	通過順位	人気
1	3	6	ライトオンキュー	牡4	56.0	古川吉	1.08.8	⑨⑧	2
2	6	12	アイラブテーラー	牝3	53.0	和田竜	1.09.1	⑫⑬	3
3	4	7	カラクレナイ	牝5	54.0	大野	1.09.2	⑧⑥	7
4	6	11	アウィルアウェイ	牝3	53.0	北村友	1.09.3	⑫⑩	6
5	7	13	リナーテ	牝5	55.0	三浦	1.09.4	⑨⑨	4

単勝6 550円 複勝6 210円 12 230円 7 340円

枠連3-6 1280円 馬連6-12 1930円 馬単6-12 3530円

ワイド6-12 790円 6-7 980円 7-12 1480円

3連複6-7-12 7560円 3連単6-12-7 32470円

2020年11月29日(日) 5回阪神9日目

12R 第65回京阪杯 芝1200m (右内) 16頭 晴 良

着順	枠番	馬番	馬名	性齢	斤量	騎手名	タイム	通過順位	人気
1	5	10	フィアーノロマーノ	牡6	57.0	吉田隼	1.08.2	⑦⑦	3
2	7	13	カレンモエ	牝4	54.0	松若	1.08.3	②②	1
3	4	7	ジョーアラビカ	牡6	56.0	和田竜	1.08.3	⑭⑧	12
4	1	2	アンヴァル	牝5	54.0	酒井学	1.08.4	⑪⑧	7
5	6	11	シヴァージ	牡5	56.0	藤岡佑	1.08.4	⑭⑬	5

単勝10 570円 複勝10 230円 13 190円 7 630円

枠連5-7 860円 馬連10-13 1500円 馬単10-13 3230円

ワイド10-13 700円 7-10 3440円 7-13 2910円

3連複7-10-13 18990円 3連単 10-13-7 85070円

2回福島 好走馬の傾向と対策

独自の分析による 3歳以上2勝クラス、3勝クラス、オープンの狙い目

河部洋人

2回福島初日（11月6日）
11R　河北新報杯
3歳以上2勝クラス
ダート1700m

2020年の河北新報杯は芝2600m戦で行われた。レース名の変更に惑わされないように。19年までのダート1700m戦、福島放送賞、20年のダート1700m戦、三陸特別、相馬特別を参考にする。

馬券対象の馬の脚質は、逃げ、先行、差し、追い込み、ローカル特有のまくりも含めて、脚質は何でもありだ。どの脚質でも、ローカル開催が得意で自分の形を確立している馬が台頭している。展開に注文がついたり、揉まれ弱かったりして成績にムラがある人気馬は頼りにならない。

15年、16年、19年と2桁人気馬が2、3着、20年は10番人気馬が勝利して大荒れだった。一方17年は4、3、1番人気、18年は1番人気馬が惨敗したが2、3番人気が3着以内を確保し、堅く収まった。堅いか荒れるか両極端になるので、思い切った決め打ち馬券がいい。

現級好走馬はもちろんだが、1勝クラスを勝ち上がったばかりでも上位争いに絡んでいる。人気薄で激走するのは、3～6ヵ月くらいの休み明けの馬

であることが多い。

2回福島2日（11月7日）
11R　フルーツラインC
3歳以上3勝クラス
ダート1150m

芝2000m、2600mで行われていたレースだが、今年はまったく条件が違う3勝クラスのダート1150m戦になった。

3勝クラスのダート1150m戦は、この時季に行われたことがなかったが、2020年に初めて河北新報杯として行われた。

波乱になりそうだったが、結果は単勝2・8倍の1番人気馬が1着、4・4倍の3番人気馬が2着、3・0倍の2番人気馬が3着と超鉄板レース。4着にきた4番人気が単勝17倍と上位人気3頭が抜けていた。

20年のこのレースは、3勝クラスのダート短距離馬が除外続きで、急遽行うことになった特殊なケース。今年の5日目12R、2勝クラスの西郷特別の解説を参考にしてください。

12R　三陸特別
3歳以上2勝クラス
芝2600m　ハンデ

2020年の三陸特別はダート1700m戦だった。20年の2勝クラスの芝2600m戦は土湯温泉特別として行われたので注意しましょう。こういう変更をするJRAの意図はまったく不明だ。

多頭数のレースになるが、1、2番人気馬のどちらかは馬券の軸に安心して買える。あとの2頭は、2桁人気馬がくることはないが、3~9番人気馬が乱舞する大混戦レースだ。

適性が如実に出るローカルの長丁場だが、ハンデ戦のこのレースは、逃げ、先行馬は3着が精いっぱいで、差し、追い込み馬が一気にゴール前に殺到し、見応えのあるレースが展開される。

芝2600m戦が行われる、函館、札幌、福島、阪神、小倉のどれかで未勝利戦でもいいので好走していれば、他の距離で冴えなくても水を得た魚のように一変可能。むしろ他場で大敗続きならハンデの恩恵が得られやすく、人気薄なら買える穴馬になるし、人気馬ならより信頼度は上がる。2600m戦の出走歴がないのに上位人気に推された馬は、典型的な危ない人気馬と思っていい。

ハンデは51キロから57キロまで馬券になっているように幅広く、有利不利はあまりないと言っていいが、毎年のように馬券に絡んでアテになるのが53、54キロ組。馬場が渋ればスタミナ豊富なダート好走馬の激走に要注意だ。

2回福島3日（11月13日）
11R　奥羽S
3歳以上3勝クラス
ダート1700m

この開催で3勝クラスのダート1700m戦が行われるのは今年で3年目。2019年、20年の奥羽Sと、同条件で行われていた安達太良Sも含めて参考にする。

16年までの安達太良Sは、夏場のローカルらしく、やや不安定なメンバーの出走馬が多く、上位人気馬2頭に8番人気以下の馬が1頭という組み合わせになり、中穴馬券が楽しめるレースだった。17年〜19年は出走メンバーに重賞入着馬や3勝クラス戦の馬券圏内常連馬などが増え、堅い決着だった。出走馬のレベルを見極めよう。

今年最後の福島3勝クラスのダート1700m戦。フルゲートで行われ、人気も割れて馬券的には面白いレースだ。19年は、前走ダート1700m戦を好走し上位人気に支持された馬が敗退し、前走が東京のダート1600m戦、2100m戦で、ダート1700m戦に好走歴のある馬が3着以内を独占し、2、10、9番人気と馬券は荒れた。20年は1番人気馬が2着を確保したが、1、3着は6、8番人気と荒れ模様。1、2番人気馬のどちらかを軸に、6番人気以下の馬でダート1700m戦に好走歴がある馬を相手に、好配当を狙えるレースだ。

12R　会津特別
3歳以上2勝クラス
芝1200m

2018年までの会津特別は、開催前半に500万条件（1勝クラス）のレースとして行われていた。19年から2勝クラス戦になったので、18年までの会津特別のレース傾向はほとんど役に立たない。20年の五色沼特別は同条件のハンデ戦だったが、こちらも参考にする。

2勝クラスの芝1200m定量戦は比較的堅く収まることが多かったが、近年はハンデ戦と同様に荒れ模様だ。2、3着に1〜3番人気馬がくるが、1、2着が4〜8番人気馬という典型的な中波乱レースが多くなっている。

短距離戦での先行力がものをいうので、1200〜1400m戦で逃げ、先行で好走したことがある馬が最適だ。

2回福島4日（11月14日）
11R　福島記念（GⅢ）
3歳以上オープン
芝2000m　ハンデ
過去3年の競走成績詳報は43ページを参照してください

2015年以降のこのレースは、かつてのように大波乱になっていない。

●おとなの馬券学No.173は11月19日（金）発売です。

17年以外は1番人気馬が3着以内にきて、あとの2頭も2~7番人気馬だ。ちなみに近3年は、2、3、1番人気、1、6、2番人気、2、1、5番人気で決まっている。馬券圏内は、前走中距離のリステッド競走で好走した馬か、GⅡに挑戦した馬に限られている。

19年は結果が出なかったが、毎年のように馬券に絡む1、2枠が超強力という点も見逃せない。特に上位人気に推された逃げ、先行馬が内枠に収まれば軸に最適。ハンデ55キロまでなら最後まで踏ん張りが利く。

主役は芝2000m戦の好走馬で、2~3勝の実績は必要だ。かなりさかのぼってもいいので、芝1800~2000mのGⅡ戦で3着以内にきたことがある馬は、近走不振で人気薄でも押さえておいた方がいい。

12R 相馬特別
3歳以上2勝クラス
ダート1700m

2019年までは福島放送賞、20年から相馬特別として行われているレースだ。

1、2番人気馬が大苦戦のレースで、連対馬は16年4、6番人気、17年4、3番人気、18年3、7番人気、19年4、13番人気と4年連続で期待を裏切っていた。20年は単勝1・8倍の1番人気馬が勝ち、2着が3番人気馬で馬連は堅く収まったが、3着に9番人気馬がきた。

18年までは、4歳馬と過去に福島で好走したことのある馬が連対することが多かったが、19年の1~3着馬はすべて5歳馬で、初の福島参戦の馬が1、2着、3着馬も福島〔0・0・0・2〕、20年も1、3着馬は福島初出走だった。

今年も荒れると判断したら、19年の勝ち馬のように前走掲示板内に好走したのに、福島に実績がないため人気になっていない馬を軸に、相手は手広く流す馬券がお勧めだ。

初日11R河北新報杯と同条件のレースなので、そちらのレース結果も参考にしてください。

2回福島5日〈11月20日〉
11R みちのくS
3歳以上3勝クラス
芝1200m

今開催唯一の芝の準オープン戦だけにフルゲート確実。開幕週に行われていた2013年~19年までは、スピードがフルに生きるため、逃げ、先行馬の活躍が目立っていた。17年、19年はハイペースになり先行馬が1頭3着以内に踏みとどまったが、あとの2頭は差し、追い込み馬だった。

1番人気馬が馬券に絡めず荒れる年

と、1番人気馬が3着以内を確保して比較的堅く収まる年がある。18年は1番人気馬が2着、19年は8着、20年は、6月~9月の4ヵ月間、函館、札幌、中京で6戦3勝、2着2回、5着1回と大健闘した1番人気馬が、さすがに疲労困憊したか16頭立て16着に惨敗し、9、10、4番人気で決まり3連単は61万馬券と大荒れ。

ペースにかかわらずローカルの短距離巧者がかなりの強さを発揮していて、前走中央場所で大敗でも度外視していいくらい。2歳時の成績も含め福島で何度も馬券になっていれば人気に関係なく買える。ちなみに17年の1、3着馬、19年、20年の2、3着馬がそうだった。

18年までは斤量に恵まれる3歳牝馬が活躍していたが、19年、20年と2年連続で1番人気の3歳牝馬が馬券圏外だ。

12R　西郷特別
3歳以上2勝クラス
ダート1150m　ハンデ

2018年までの西郷特別は、500万条件（1勝クラス）の芝1800m戦だった。19年にダート1150m戦になったので、過去の成績を調べるときは注意しましょう。

福島だけで行われるダート1150m戦は、この開催でも1勝クラスのレースは数多く行われるが、2勝クラスの特別戦は珍しい。

1勝クラス戦の大半は、比較的堅く収まることが多い。秋の福島開催以外で行われた2勝クラス戦は、1、2番人気以外の上位人気馬が苦戦し、馬券は荒れ模様だ。

19年のように堅く収まるときは、中山、阪神などの中央場所のダート1200m戦での好走実績を評価された馬が連対する。20年のように荒れるときは、前走か前々走で1勝クラスのダート1200m戦を勝ち上がった馬、2勝クラスのダート1200m戦でいつも1桁着順だが、馬券圏内にこないので人気になっていない馬が好走する。

今年はハンデ戦、フルゲート必至、斤量に恵まれる人気薄の3歳馬が活躍するだろう。

2回福島6日〈11月21日〉
11R　福島民友C（L）
3歳以上オープン
ダート1700m

1~3番人気馬が強力で、2頭が3着以内を確保することもある。2020年は4、5、3番人気で決まったが、珍しいオッズで単勝人気は3頭が4・4倍で並び、複勝1番人気の馬が3着を確保し他の2頭は馬券圏外だった。

出走頭数は多いが荒れそうで荒れ

ないレースで、馬券対象馬は7番人気までと決めてしまっても大丈夫だ。2019年に12番人気馬が2着にきたが、これは前走がダート1400mのオープン特別で掲示板を外し、一気に人気を落としたからだ。そのときの1、3着は3、2番人気馬だった。

前残りがハマるローカルのダート中距離戦。頭ひとつ抜けた先行馬がいれば力通りに残れる反面、実力が拮抗していると、軒並み早仕掛けになって消耗戦になりやすい。場合によっては後方一気も決まるほどで、展開のヨミが重要となる。

場所に関係なくダート1700m戦での好走経験が必須。一度でも3着以内があればきっちり生きている。

前走で3勝クラスのダート戦を勝ち上がった馬も評価できるが、軸は近走でダート重賞かオープン特別で掲示板内を確保している馬が有力だ。ただし前走がシリウスSだった馬は、着順の如何にかかわらず好走するので要注意だ。

4ヵ月以上の休み明けは割引で、人気馬でも鉄砲実績がなければ切って大丈夫。

12R　五色沼特別
3歳以上牝馬2勝クラス
芝1800m

2020年の五色沼特別は、芝1200mのハンデ戦だった。今年の五色沼特別とは似ても似つかないレースだ。またこの時期に2勝クラス牝馬限定の芝1800m戦はほとんど行われていない。1勝クラスの芝1800m戦を参考にする。

3歳馬が1番人気に推されたら軸は堅く、相手も上位人気馬で、3着に人気薄の馬がきて小波乱になることがある程度。1番人気が4歳以上馬だと、馬券圏内の3頭は2桁人気馬を含む下位人気馬もきて大荒れになる。

人気の有無にかかわらず3歳馬が軸に最適で、荒れると見たら、これに人気薄の3歳馬と、同じく人気薄の4、5歳の差し、追い込み馬を絡めた馬券を勇気を持って買ってみましょう。

出走頭数は多くないが関西馬が強いレースであることをお忘れなく。

ステイゴールド オペラなんて見たくない!!

父＝サンデーサイレンス
母＝ゴールデンサッシュ
(母の父ディクタス)
生年月日＝平成６年３月24日
騎乗騎手＝
熊沢重文(33戦【31 0 7 13】)
武豊（７戦【3103】)
後藤浩輝（５戦【0005】)
O・ペリエ（２戦【0011】)
藤田伸二（１戦【1000】)
蛯名正義（１戦【0100】)
安藤勝己（１戦【0001】)
オーナー＝㈲社台レースホース
調教師＝池江泰郎
担当厩務員＝山元重治
生産者＝白老・白老ファーム
生涯成績＝50戦７勝　２着12回　３着８回　着外23回
タイトル＝'01JRA 賞特別賞
記録＝内国産日本調教馬初の海外GI 制覇
GI 最多出走（19戦／海外除く）
重賞最多連続出走タイ（34戦連続／海外除く）
生涯獲得賞金＝７億6299万3000円／日本
120万米ドル＝約１億4400万円／ドバイシーマクラシック
800万香港ドル＝約１億3600万円／香港ヴァーズ
生涯連対率＝38.0％
出走時馬体重＝408～436キロ
走破距離＝11万6300メートル
(平均2373メートル)
※競走中止１戦を除く
走破時計＝１時間59分18秒１ ※競走中止１戦を除く
デビュー＝平成８年12月１日、阪神５Ｒ・新馬（３着）
最終レース＝平成13年12月16日、香港シャティン５Ｒ・香港ヴァーズ（１着）
馬名の意味＝〝STAY GOLD〟は「黄金のような美しい輝きのままで」の意
単勝１番人気時の成績＝３勝　２着３回　着外２回（連対率75.0％）
主なライバルとの対戦成績＝

エアグルーヴ	／２勝１敗
キングヘイロー	／３勝１敗
グラスワンダー	／２勝３敗
シルクジャスティス	／４勝４敗
スペシャルウィーク	／１勝６敗
セイウンスカイ	／２勝３敗
テイエムオペラオー	／０勝12敗
ナリタトップロード	／１勝５敗 １無効試合
マチカネフクキタル	／４勝３敗
メイショウドトウ	／２勝７敗
メジロブライト	／３勝８敗

※無効試合は13年京都大賞典の「失格」対「競走中止」

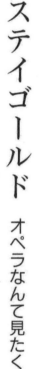

全成績

開催日	場所	レース名	距離回り	重量	騎手	頭数	馬番	人気	着順	タイム	走り方	体重
8.12. 1	阪神	指・新馬	2000右良	54	ペリエ	14	9	3	3	2.05.3	出遅れ	432
12.21	阪神	混指・新馬	2000右良	54	ペリエ	16	7	1	16	2.11.8	中位退	416
9. 2.15	京都	混指・未勝利	ダ1800右良	55	熊沢	12	11	1			中止	420
3.22	阪神	混指・未勝利	2000右稍	55	熊沢	13	13	2	2	2.06.9	直一先	412
4.19	京都	混指・未勝利	2400右良	55	熊沢	18	7	1	2	2.27.4	中伸る	412
5.11	東京	混指・未勝利	2400左良	55	熊沢	18	16	2	①	2.28.4	好鋭伸	418
6. 7	中京	すいれ500混指	2500左良	55	熊沢	10	3	1	①	2.37.4	直内伸	414
6.29	阪神	やまゆ900混指	2000右良	54	熊沢	13	6	5	4	2.03.7	中伸も	420
9. 6	札幌	阿寒湖900混指	2000右良	55	熊沢	14	13	3	①	2.02.5	中鋭伸	416
10.12	京都	京都新聞杯指	2200右良	57	熊沢	12	3	7	4	2.13.5	中漸進	412
11. 2	京都	菊花賞指	3000右良	57	熊沢	18	1	10	8	3.08.2	追上退	422
11.30	阪神	Gホイ1600混指	2000右良	56	武豊	13	7	1	2	2.01.4	好伸る	422
10. 1.17	京都	万葉SOP混指	3000右良	54	熊沢	14	4	2	2	3.06.3	直内伸	424
2. 8	京都	松籟S1600混指	2400右良	56	熊沢	16	14	3	2	2.28.0	直競負	422
2.21	東京	ダイヤモンド混指	3200左稍	54	熊沢	16	14	3	2	3.17.8	好伸る	410
3.29	中山	日経賞混指	2500右良	56	熊沢	12	10	5	4	2.34.9	後漸進	408
5. 3	京都	天皇賞（春）指	3200右良	58	熊沢	14	9	10	2	3.23.9	中伸る	418
6.13	東京	目黒記念混指	2500左重	57	熊沢	13	4	3	3	2.355.5	中伸も	418
7.12	阪神	宝塚記念指国	2200右良	58	熊沢	13	4	9	2	2.12.0	中伸る	426
10.11	京都	京都大賞典混指	2400右良	57	熊沢	7	6	2	4	2.26.2	追上退	434
11. 1	東京	天皇賞（秋）指	2000左良	58	蛯名	12	10	4	2	1.59.5	好伸る	426
11.29	東京	ジャパンC指国	2400左良	57	熊沢	15	7	6	10	2.27.3	好一杯	426
12.27	中山	有馬記念混指	2500右良	57	熊沢	16	5	11	3	2.32.6	中伸る	424
11. 2.14	京都	京都記念混指	2200右良	58	熊沢	10	6	2	7	2.16.1	後漸進	434
3.28	中山	日経賞混指	2500右稍	57	熊沢	13	1	2	3	2.36.3	後伸も	422
5. 2	京都	天皇賞（春）指	3200右良	58	熊沢	12	2	6	5	3.16.2	好位俁	430
5.29	中京	金鯱賞混指	2000左良	57	熊沢	15	9	3	3	1.59.9	中伸る	426
6.20	阪神	鳴尾記念指国	2000右良	57	熊沢	10	2	3	3	2.02.6	中伸も	428
7.11	阪神	宝塚記念指国	2200右良	58	熊沢	12	1	7	3	2.13.7	好位粘	426
10.10	京都	京都大賞典混指	2400右良	57	熊沢	10	8	7	6	2.25.0	好位退	422
10.31	東京	天皇賞（秋）指	2000左良	58	熊沢	17	6	12	2	1.58.1	中伸る	420
11.28	東京	ジャパンC指国	2400左良	57	熊沢	14	10	5	6	2.26.6	追上退	420
12.26	中山	有馬記念混指	2500右良	56	熊沢	14	5	8	10	2.38.2	中位退	428
12. 1.23	中山	AJCC混指	2200右良	58	熊沢	14	9	1	2	2.13.8	直一先	428
2.20	京都	京都記念混指	2200右良	58	熊沢	11	4	3	3	2.14.0	中漸進	432
3.26	中山	日経賞混指	2500右良	57	熊沢	10	6	2	2	2.35.6	先伸る	422
4.30	京都	天皇賞（春）指	3200右良	58	熊沢	12	3	4	4	3.18.3	好一杯	432
5.20	東京	目黒記念混指	2500左重	58	武豊	15	14	1	①	2.33.2	中鋭伸	430
6.25	阪神	宝塚記念混指	2200右良	58	安藤勝	11	3	5	4	2.14.1	後漸進	432
9.24	中山	オールカマ指国	2200右重	58	後藤	9	1	3	5	2.17.0	中一杯	434
10.29	東京	天皇賞（秋）指	2000左重	58	武豊	16	9	4	7	2.00.8	2不利	430
11.26	東京	ジャパンC指国	2400左良	57	後藤	16	16	13	8	2.26.6	逃一杯	430
12.24	中山	有馬記念混指	2500右良	56	後藤	16	11	10	7	2.34.8	3不利	430
13. 1.14	京都	日経新春杯混指	2400右良	58.5	藤田	11	1	5	①	2.25.8	好抜出	436
3.24	UA	ドバイシーマク	2400左良	56	武豊	16	14		①	2.28.2	中鋭伸	—
6.24	阪神	宝塚記念指国	2200右良	58	後藤	12	9	5	4	2.12.1	中漸進	424
10. 7	京都	京都大賞典混指	2400右良	58	後藤	7	6	3	失格	2.24.9	1位入線	426
10.28	東京	天皇賞（秋）指	2000左重	58	武豊	13	4	3	7	2.03.4	好一杯	428
11.25	東京	ジャパンC指国	2400左良	57	武豊	15	8	4	4	2.24.5	中漸進	428
12.16	香港	香港ヴァーズ	2400右良	57.2	武豊	14	9	1	①	2.27.8	G前抜	—

勝ったのか、2着なのか——。

ステイゴールドには、ゴールで「ハナ差」「アタマ差」「クビ差」という、きわどい勝負にもつれこんだレースが、日本で5レースある。

そしてその結果はというと、5レースすべてで2着に負けているのである。

ここに書き出してみよう。

			着順
9年3月22日	未勝利	クビ差	2着
9年11月30日	GホイップT	クビ差	2着
10年1月17日	万葉S	ハナ差	2着
10年2月8日	松籟S	ハナ差	2着
11年10月31日	天皇賞・秋	クビ差	2着

ステイゴールドはこのように、詰めの甘さにかけては、右に出る者がいない馬だったのである。

それだけに、誰もが感動してしまったのが、平成13年3月24日、ドバイで行われたドバイシーマクラシックにおける、あのハナ差勝ちなのだ。

詰めの甘いステイゴールドが、16頭立ての中団で内に包み込まれる苦しい展開をしのぎ、直線で馬群を割って伸び、ゴールでファンタスティックライトをハナ差だけ差し切ったのである。あの詰めの甘いステイゴールドに、こんなことが可能だったのかと誰もが思ったはずである。しかも破った相手が、芝中距離の世界チャンピオンといっていいファンタスティックライトなのだ。おまけに、初の海外遠征でいきなりこんな大仕事をやってのけた

●おとなの馬券学No.173は11月19日(金)発売です。

のである。それまでのステイゴールドからは想像もつかないようなパフォーマンスだった。

果たして、ステイゴールドが、日本ではできなかった「競り勝つ」ということを、海外でできた理由はなんなのか。

考えられる最大の理由は、海外には天敵がいなかったことである。

ドバイでステイゴールドが勝った直後、スタンドにいた外国人記者はステイゴールドの最近の成績をあらためてチェックし、ステイゴールドが出走したレースの勝ち馬欄に、あまりにも多くテイエムオペラオーという名前が出てくるので、「この強いステイゴールドにこれだけ何回も勝っている、このテイエムオペラオーというのは何者なんだ?」と、日本側のプレスに何人もが聞いてきたそうである。

そう、ステイゴールドにとっての天敵は、テイエムオペラオーなのである。その天敵テイエムオペラオーがドバイには来ていなかったのだ。

ステイゴールドにとって、テイエムオペラオーがどれくらい天敵かというと、なんと、12回対戦してただの一度も勝てなかったのである。ステイゴールドとテイエムオペラオーが対戦した、その12戦のそれぞれの着順を列記すると、次のようになっている。丸数字が着順、「失」は失格である。

テイエムオペラオー=③③①①①①①②①②②

ステイゴールド=⑥⑩③④④⑦⑧⑦④失⑦④

ご覧のとおり、ステイゴールドは、テイエムオペラオーに勝ったことが一度もないのだ。

たった1回だけ、平成13年の京都大賞典で、直線先頭に立ち、追いすがるテイエムオペラオーを振り切ってトップでゴールインしたことがあったのだが、そのときは、テイエムオペラオーに勝てるというあまりのうれしさに我を忘れたのか、ゴール前で斜行して失格。結局のところ、天敵には全敗ということになってしまったのである。

平成12年以降のステイゴールドの成績を見ると、テイエムオペラオーが出走したレースでは【0019】と連対ゼロ。これに対してテイエムオペラオーが出走しなかったレースでは【4201】、連を外したのは休み明けのオールカマーだけという好成績を記録している。まったくもって、テイエムオペラオーとはよほど相性が悪かったのだろうと考えざるを得ない。

ステイゴールドがその最後のレースを、テイエムオペラオーが出走する有馬記念ではなく、香港の香港ヴァーズにしたのは本当に正解だった。

●おとなの馬券学No.173は11月19日(金)発売です。

橋本聖子さん、マルゼンスキーも泣いてるぜ

JRAはホームページ上に、競馬開催に携わる1600人あまりのJRA職員、2700人あまりの騎手、調教師、厩舎従業員のコロナウイルス感染者情報を掲載している。

それによると、コロナ禍1波の20年4月にJRA職員5名、2波の8月は感染者なし、3波の年末、年始は栗東トレセン厩舎従業員3名、美浦トレセン厩舎従業員1名、4波の5月は栗東トレセン調教師1名、厩舎従業員3名と、ここまでは競馬開催に支障がない程度の感染状況だった。

ピーク時には1日2万5000人以上の感染者を記録した5波の7～9月は、9月11日現在で美浦トレセン所属騎手2名、厩舎従業員5名、栗東トレセン厩舎従業員8名の感染者だ。

選手、役員、大会関係者、報道陣などオリパラ関係を中心に、7月は5万人以上の外国人が入国した。6月以前は1ヵ月の訪日外国人が1万人弱だったのだから、過去に例のない感染爆発を起こした5波の要因のひとつが、オリパラ開催にあることは明白だ。

東京オリパラは、東京都に加え18の道府県に緊急事態宣言が発せられているなかで開催された。コロナに感染しても入院できず、自宅療養を余儀なくされた人が8月末で約10万人、自宅などで亡くなった人が約200人と、日本の医療体制が崩壊寸前に陥った。

東京オリパラ終了直後、橋本聖子大会組織委員長は「国民の8割が延期、中止を求めたが、私自身は、絶対に開催すると心で思っていた。安心と安全、選手の健康は絶対に守り抜くと決意し、それが日本の力になると信じていた」と総括したが、選手以外の一般国民の健康問題をないがしろにしたため、日本は未曽有のコロナ禍に見舞われた。

下火になりつつある感染者数も、専門家は年末、年始の6波への警報を発信している。競馬関係者、競馬ファンが感染防止に一層の注意を払い、競馬開催が継続されることを祈るしかない。 (大島)

おとなの馬券学《ばけんがく》No.172
二〇二一年十一月一日発行
編集・発行人　大島昭夫
発行所　株式会社ミデアム出版社
東京都杉並区下高井戸二―一七―一八
電話　〇三(三三二四)一二七五
郵便番号一六八―〇〇七三
表紙・本文イラスト　西井陽二郎
表紙デザイン　安田清伸
本文DTP　トモスクラブ
印刷・製本　図書印刷
*万一落丁乱丁の場合はお取り替えいたします。
*本書の無断複写、複製、転載を禁じます。
*定価は表紙に明記してあります。

定期購読のご案内は5ページをご覧ください。

© ミデアム出版社 2021
ISBN978-4-86411-135-5
printed in Japan